NPO, そして ソーシャルビジネス

―― 進化する企業の社会貢献 ――

坂本恒夫・丹野安子・菅井徹郎
［編著］

文眞堂

はしがき

　本書は，日本中小企業ベンチャービジネスコンソーシアムのNPO部会から誕生したものである。
　日本中小企業ベンチャービジネスコンソーシアムは，中小企業の経営改革およびベンチャービジネスの起業支援をサポートしているが，その一環としてNPOの活動支援，設立支援も行っている。
　かくいう本コンソーシアム自体，「任意のNPO団体」である。過去10年にわたって，NPOの設立支援および活動支援を行っているが，その一環として書籍の刊行も行っている。
　2009年，最初の著書として，『図解　NPO経営の仕組みと実践』（税務経理協会）を刊行した。これは，いまだNPOの理解が不十分な時代，その仕組みや活動を十分に知ってもらいたいということで出版した。
　次に2012年，『ミッションから見たNPO』（文眞堂）を刊行した。これは，NPOの活動を担っている人が，どのような思いや悩みを抱えて活動しているか，15のNPO団体のミッションを紹介しながら，書き上げてもらった。
　今回の『NPO,そしてソーシャルビジネス』は，NPOの一般化・定着の中で，活動の限界や課題を洗い出し，その限界を克服するために，諸外国のNPO活動を参考にしながら，ソーシャルビジネスという新たな切り口で，NPOの新たな道を切り拓こうとしたものである。
　これまで研究会をまとめてきた坂本恒夫，丹野安子に加えて，NPOの分野の専門家である菅井徹郎氏に編者に加わってもらった。また執筆陣には，ソーシャルビジネスの専門家である大木裕子氏を迎えた。このことによって，本書の内容は格段の向上・深化を見せることになった。

本書の構成は3部構成になっている。

　序章，第1部第1章から第3章は，NPO登場の背景と課題，その仕組みが述べられ，日本のNPOとして西会津国際芸術村，ザ・ピープル，ファザーリング・ジャパンなどが紹介されている。

　第2部は，アメリカ，イギリス，オランダ，ドイツそして韓国のNPOが取り上げられている。とりわけ，韓国のNPOを扱っている書物は珍しく，本書の特徴だと思っている。

　第3部は，ソーシャルビジネスを扱っている。特徴，各国の事例，コミュニティビジネス，マネジメント，そして事例が取り上げられている。また日本のソーシャルビジネスについても背景，制度および政策，そして事例が述べられている。

　そして終章においては，日本のソーシャルビジネスのアジアなど途上国への展開の事例が紹介されている。

　NPOおよびソーシャルビジネスとの関連で，近年，株式会社に大きな動きが出てきている。

　まず一つは，株式会社のコーポレートガバナンスの進展である。機関投資家のスチュワードシップコードを受けて，株式会社も持続的成長やガバナンス，そして法令遵守を強く指向するようになったことである。NPOやソーシャルビジネスのミッションに近い目的や目標を掲げる会社が増加してきている。

　二つ目は，企業価値の認識と評価に関する変化である。過去において，企業価値と言えば，「営業価値」（売上高や営業利益）であった。1985年頃からリーマンショックまでは，ROEや効率性，そしてそれに基づく株価の成長（「株主価値」）であった。しかしリーマンショック以降，「社会的価値」をそれに加える企業が多くなった。とりわけ，温暖化対策や人工知能の発展で社会的価値を評価の中心に加えるようになった。

　こうした傾向は，株式会社のNPO化・ソーシャルビジネス化であり前向きに評価すべきであるが，肯定的評価ばかりを言っているわけにはいかな

い。なぜなら近年，貧困と格差，極端な移民の排斥，環境問題への無配慮など「社会的価値」とは，対立的現象が増加・拡大しているからである。

　NPOおよびソーシャルビジネスの存在意義および活動の重要性は，高まりこそすれ薄れることはない。

　本書刊行の意義もここにあると言ってよい。

　刊行にあたっては，文眞堂の前野隆様に大変お世話になった。記して感謝申し上げたい。

2017年4月

執筆者を代表して
坂本恒夫
丹野安子
菅井徹郎

『NPO，そしてソーシャルビジネス』執筆者一覧

(執筆順)

坂本　恒夫　　序章，第6章，第7章
　　　　　　　明治大学大学院長　明治大学経営学部教授

菅井　徹郎　　第1章，第4章，第5章，終章
　　　　　　　オフィスコモン代表　博士（経営管理）

安藤壽美子　　第2章，第6章
　　　　　　　特定非営利活動法人西会津国際芸術村理事長

丹野　安子　　第3章，第6章
　　　　　　　特定非営利活動法人ビジネスネットワーク・ジャパン理事長

趙　　　丹　　第8章
　　　　　　　朝鮮大学校経営学部准教授

大木　裕子　　第9章
　　　　　　　東洋大学ライフデザイン学部教授

山根眞知子　　第10章
　　　　　　　一般社団法人ユニバーサル志縁社会創造センター理事

目　次

はしがき……………………………………………………………………… i

序章　NPO，そしてソーシャルビジネス
　　　　―進化する企業の社会貢献―………………………………… 1

1. NPO はなぜ生まれたのか ………………………………………… 1
   (1) 阪神大震災 …………………………………………………… 1
   (2) 株主価値経営 ………………………………………………… 2
   (3) ROE の実現とコストの削減 ……………………………… 3
   (4) 固定費の変動費化 …………………………………………… 4
2. 排除の論理から参加の論理へ …………………………………… 5
3. 厳しい寄付金集め―事業収益に依存 ………………………… 5
4. NPO からソーシャルビジネスへ ……………………………… 7

第 1 部　NPO とは何か……………………………………………… 11

第 1 章　NPO の現状と課題（1）………………………………… 13

1. 非営利組織とは …………………………………………………… 13
   (1) 非営利組織（NPO）………………………………………… 14
   (2) 非営利セクター ……………………………………………… 15
2. 非営利組織（NPO）が必要とされる理由 …………………… 16
3. 日本の非営利組織（NPO）……………………………………… 17
   (1) 日本での現状 ………………………………………………… 17
   (2) 非営利セクターの大きさと発展 …………………………… 17
   (3) 日本で NPO が必要とされる理由 ………………………… 18

4. 特定非営利活動法人（NPO法人）とは―その現状と課題― … *20*
　　（1）　特定非営利活動法人（NPO法人）の現状 ………………… *20*
　　（2）　特定非営利活動法人（NPO法人）の課題 ………………… *21*

第2章　NPOの現状と課題（2）
　　　　　―西会津国際芸術村― ……………………………………… *25*

　1. NPO西会津国際芸術村 ………………………………………… *25*
　2. 福島県西会津町 ………………………………………………… *26*
　3. NPOの経緯 ……………………………………………………… *26*
　4. NPO定款 ………………………………………………………… *27*
　5. NPO西会津国際芸術村12年間の歩み ………………………… *29*
　6. 「西会津国際芸術村公募展」 …………………………………… *33*
　7. 私達の失敗 ……………………………………………………… *34*
　8. 芸術村が出来た事により西会津に出来た企画及び事業 ………… *35*
　9. 今後のNPO自立に向けての課題 ……………………………… *35*
　10. NPO体験をソーシャルビジネスに生かす …………………… *36*

第3章　日本のNPO
　　　　　―ザ・ピープル，ファザーリング・ジャパン，ハートフル― … *39*

　1. NPO法人ザ・ピープル ………………………………………… *40*
　　（1）　ミッション ……………………………………………………… *40*
　　（2）　活動分野 ………………………………………………………… *40*
　　（3）　事業内容 ………………………………………………………… *41*
　　（4）　経緯 ……………………………………………………………… *42*
　2. NPO法人ファザーリング・ジャパン ………………………… *44*
　　（1）　ミッション ……………………………………………………… *44*
　　（2）　活動分野 ………………………………………………………… *44*
　　（3）　事業内容 ………………………………………………………… *44*
　　（4）　経緯 ……………………………………………………………… *46*

3. 認定 NPO 法人ハートフル ································ 47
　　　（1）ミッション ·· 47
　　　（2）活動分野 ·· 47
　　　（3）事業内容 ·· 48
　　　（4）経緯 ·· 49

第 2 部　各地域の NPO ································ 51

第 4 章　アメリカの NPO（1）···················· 53

　1. アメリカでの NPO の誕生とその変遷 ·············· 53
　2. アメリカの NPO の種類と形態 ······················ 56
　3. アメリカの NPO の現状と課題 ······················ 58
　　　（1）アメリカの NPO の現状 ······················ 58
　　　（2）アメリカの NPO の課題 ······················ 59
　おわりに—アメリカの NPO からの示唆— ············ 59

第 5 章　アメリカの NPO（2）
　　　　　—ティーチ・フォー・アメリカ（Teach For America）—··· 62

　はじめに ·· 62
　1. ティーチ・フォー・アメリカ（Teach For America：TFA）の
　　概要と現状 ·· 63
　2. TFA 成功のポイント ···································· 65
　3. TFA に見るアメリカの NPO の課題への対応と
　　日本の NPO への示唆 ···································· 69
　おわりに ·· 70

第 6 章　欧州の NPO〈イギリス，オランダ，ドイツ〉········ 72

　1. イギリスの NPO ·· 72
　　　（1）形態 ·· 72

(2) 小史 ……………………………………………………… 72
　　(3) 現状―意識の変革，効率性，チェックの充実，政策形成の
　　　　透明性・具体性― …………………………………… 73
　　(4) 課題 ……………………………………………………… 74
　2. オランダのNPO ……………………………………………… 75
　　(1) NPOセクターにおける雇用 ………………………… 75
　　(2) NPOの歴史 …………………………………………… 76
　　(3) オランダ流社会的思考 ………………………………… 77
　　(4) 高齢者福祉 ……………………………………………… 78
　3. ドイツのNPO ………………………………………………… 81
　　(1) ドイツNPOの背景 …………………………………… 81
　　(2) 登録協会の特徴（"eingetrage Verein = e.V."）……… 83
　　(3) ドイツ芸術系NPOからみたNPOの概略 …………… 85
　　(4) アートNPOの事例
　　　　―かつての国境監視施設で活動するアートNPO― ……… 86

第7章　イギリスのNPO
　　　　―Fifteen LondonとFRCグループ― ………………… 89

　1. Fifteen London ………………………………………………… 89
　　(1) Fifteen Londonとは …………………………………… 89
　　(2) 小史 ……………………………………………………… 90
　　(3) 現状 ……………………………………………………… 91
　2. FRCグループ ………………………………………………… 92
　　(1) FRCグループとは ……………………………………… 92
　　(2) 活動内容 ………………………………………………… 92
　　(3) 特徴 ……………………………………………………… 92
　3. 社会的投資収益率 …………………………………………… 93
　4. 今日的課題―NPO先進国の悩み ………………………… 95

第8章　韓国のNPO ……………………………………… *97*

1. 韓国のNPOと周辺概念 ……………………………… *97*
   (1) 非営利民間団体 ………………………………… *97*
   (2) 非営利法人 ……………………………………… *98*
   (3) 公益法人 ………………………………………… *99*
   (4) その他のNPO類似概念 ……………………… *100*
2. 韓国のNPOの歴史と現況 ………………………… *101*
   (1) 韓国NPOの歴史的背景 ……………………… *101*
   (2) 韓国のNPOの現況 …………………………… *103*
3. 韓国のNPO事例：グッドネイバーズ …………… *107*
4. NPOからソーシャルビジネスへ ………………… *110*

第3部　NPOからソーシャルビジネスへ ………… *113*

第9章　ソーシャルビジネスとは何か ……………… *115*

1. ソーシャルビジネスの特徴 ………………………… *115*
   (1) ソーシャル・アントレプレナーの出現 ……… *115*
   (2) ソーシャルビジネス出現の背景 ……………… *117*
2. 各国のソーシャルビジネス ………………………… *120*
   (1) ヨーロッパ ……………………………………… *120*
   (2) アメリカ ………………………………………… *121*
   (3) バングラデシュ ………………………………… *122*
   (4) 日本 ……………………………………………… *122*
3. ソーシャルビジネス（SB）とコミュニティビジネス（CB）…… *124*
   (1) ソーシャルビジネスとコミュニティビジネスの違い …… *124*
   (2) ソーシャルビジネスの分野 …………………… *125*
   (3) コミュニティビジネスの目的 ………………… *126*
4. ソーシャルビジネスのマネジメント ……………… *128*

(1)　ソーシャルビジネスの組織形態 ……………………………… *128*
　　　(2)　ソーシャル・アントレプレナーの資質 ……………………… *129*
　5.　ソーシャルビジネスの事例 ……………………………………… *131*
　　　(1)　街づくり・観光・農業体験等の分野で地域活性化のための
　　　　　人づくり・仕組みづくりに取り組むもの―株式会社いろどり … *131*
　　　(2)　子育て支援・高齢者対策等の地域住民の抱える課題に
　　　　　取り組むもの―有限会社ビッグイシュー日本 …………… *132*
　　　(3)　環境・健康・就労等の分野で社会の仕組みづくりに
　　　　　貢献するもの―特定非営利活動法人里山を考える会 ……… *134*
　　　(4)　企業家育成，創業・経営の支援に取り組むもの
　　　　　―特定非営利活動法人大阪 NPO センター ………………… *135*
　6.　ソーシャルビジネスに期待されること ………………………… *137*
　　　(1)　成長プロセスに合わせたマネジメント ……………………… *137*
　　　(2)　ミッション経営 ………………………………………………… *138*

第 10 章　日本のソーシャルビジネス，コミュニティビジネス …… *140*

　1.　日本のソーシャルビジネスの誕生と背景 ……………………… *140*
　　　(1)　特定非営利活動促進法の限界 ………………………………… *140*
　　　(2)　ソーシャルビジネスの定義 …………………………………… *141*
　　　(3)　ソーシャルビジネス・コミュニティビジネスによる社会的
　　　　　課題解決と地域再生 …………………………………………… *142*
　2.　経済産業省のソーシャルビジネス・コミュニティビジネス
　　　支援 ………………………………………………………………… *143*
　　　(1)　支援の経過 ……………………………………………………… *143*
　　　(2)　経済産業省による研究会の設置と報告内容 ………………… *145*
　　　(3)　経済産業省のその他の支援施策 ……………………………… *147*
　3.　経済産業省，関東経済産業局の支援実績 ……………………… *148*
　　　(1)　資金調達 ………………………………………………………… *148*

(2)　人材育成 ……………………………………………… *149*
　　(3)　ネットワーク形成 …………………………………… *149*
　4.　ソーシャルビジネス支援となる法・制度の改正 ………… *150*
　　(1)　内閣府の施策・法や制度の基盤整備 ……………… *150*
　5.　ソーシャルビジネス支援の仕組みの活用 ………………… *151*
　6.　ソーシャルビジネスの事例 ………………………………… *151*
　　(1)　事例1．NPO法人くらし協同館なかよし ……………… *152*
　　(2)　事例2：株式会社アットマーク・ラーニング ………… *154*

終章　途上国に貢献する日本のソーシャルビジネス ………… *158*

　1.　はじめに ……………………………………………………… *158*
　2.　事例 …………………………………………………………… *160*
　　(1)　事例1　認定NPO法人 かものはしプロジェクト ……… *160*
　　(2)　事例2　認定NPO法人 TABLE FOR TWO International … *161*
　　(3)　事例3　株式会社マザーハウス …………………………… *163*
　3.　まとめ ………………………………………………………… *165*

索引 ……………………………………………………………………… *169*

序章

NPO, そしてソーシャルビジネス
―進化する企業の社会貢献―

1. NPOはなぜ生まれたのか

(1) 阪神大震災

　日本でNPOが誕生したのは，阪神大震災からだと言われる。地震とその後の火災などによって，多くの命が奪われ，阪神・淡路の地域住民が被災者となった。

　その直後，有意の学生は，大学での受講を中断しリュックを背負って神戸に向かった。そして交通が寸断されている中，途中からは徒歩で関西入りした。これらの学生と全国から駆けつけた若者は，気高きボランティアスピリットを有していたが，その活動はあくまでも個人的なものであり，バラバラに拡散していた。救助活動には時間がかかり，非効率で成果の乏しいものであった。

　このような状況の中で，試行錯誤を重ねながら出来たものがNPOである。大掛かりな救援活動には，人的・資金的なサポートが必要である。また統一的，組織的に展開する必要がある。これに応えたものが，団体としてのNPOであり，法人としてのNPOであった。

　しかしボランティア活動を統一的，組織的に展開するためにNPOの組織が必要だということが理解できたとしても，それだけでNPOがこれだけ大量に組織され，一般化・世界化するものではない。もっと根本的でかつ本質的なものが背景や基盤に存在し，世界的に拡がったと思われる。それは何で

2

あろうか。

(2) 株主価値経営

それは大企業で見られた株主価値経営である。株主価値経営とは，企業でのすべての利益を株主に収斂するやり方であるが，これが欧米では1980年代後半から1990年代，そして2007年のリーマンショックまで，すさまじい

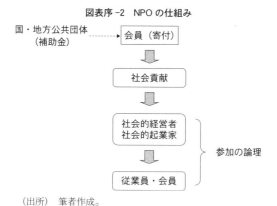

図表序-1　株主価値経営の構造と排除の論理

（出所）　筆者作成。

図表序-2　NPOの仕組み

（出所）　筆者作成。

勢いで拡がっていった。日本でも1990年代の後半から次第に一般化していった。

株主価値経営の構造は，頂点にまず株主，つまり年金，保険，投資信託などの機関投資家が存在する。これら機関投資家は，年金，保険料，運用益の支払いを確実にするために，投資先である企業に対して高い投資リターンを要求する。投資先である企業の経営者は，機関投資家に配慮して，この高いリターンの確保を優先する経営行動を展開する。機関投資家と企業の経営者とのこの関係は，近年ではスチュワードシップコードやコーポレートガバナンスコードの制定によって，制度的にも補強される。

CEOやCFOと言われる企業の経営者は経営目的を，株価の成長と株価の伸びが期待できない時は配当支払いの，2つにおいているが，この株価成長と配当支払いを保証するものこそ，現実のビジネスにおける高いROEの実現，そしてその上昇である。

(3) ROEの実現とコストの削減

確実かつ高いROEの実現のためには，いくつかの前提をクリアしなければならない。

まず，それは売上高・収益の維持・拡大である。売上高，収益を上昇させることは，最も基本的なことであるが，成熟した市場を抱える欧米や日本では，売上高・収益を上昇させることはきわめて難しい。すでに必要な生活財や消費財は所有しているか，費消するとしても小さな規模でしかないからである。

次に，売上総利益であるが，これを確実でかつ増やそうとすると，仕入れコストを削減しなければならない。納品先や取引先と交渉して了解をとらねばならない。納品先や取引先も厳しい経営状況にあるから，納品価格を引き下げることは至難の業である。

さらに営業利益も確実に上昇させようとすると，従業員の賃金や，減価償却費など営業費用をカットしなければならない。賃金の抑制は従業員の数を減らす解雇もあるし非正規の従業員やアルバイトに入れ替えるという手法も

ある。また減価償却費の抑制は自社ビルを売却して家賃に置き換えるということが行われる。

　以上のように，ROE の分子にあたる営業利益を上昇させるためには，納品価格や営業費用を削減すること，いわゆるコストカットが必要だが，これには取引先や組合との厳しい交渉を行わねばならないのである。しかもこのコストカットを恒常的に行うことは，そんなに簡単なことではない。取引先，従業員の死活に関わることであるからである。

　そこで考え出されたのが，いわゆる「固定費の変動費化」である。

図表序-3　役員の報酬の基本部分はどう決まるか（Lopyds TSB Group のケース）

役員報酬

- Basic salary-set in relation to other comparable companies
  （基本報酬－同業他社を参考）
- Annual incentive scheme
  -is designed to reflect specific goals linked to the performance
  （年度業績志向の報酬計画）
  ／group performance
  　（目標収益，目標営業利益，目標経済利益）
  　　＊報酬委員会，強い関心で斟酌
- Medium-term incentive plan
  -is subject to two performance targets, based on the efficiency ratio and return on equity
  （中期－3 年間志向の報酬計画
  －目標効率性比率（営業費用／収益），目標自己資本利益率
  　　＊目標未達成の場合は，支払われない
- Long-term rewards
  -based on total shareholder return (calculated by reference to both dividends and growth in share price over the relevant (three year) period
  （長期的観点からの褒賞
  －株主利益（配当＋株価の成長）でランク付け）

（出所）　筆者作成。

(4)　固定費の変動費化

　固定費の変動費化は，人件費や減価償却費という固定費を，アルバイト料や家賃などの変動費にして，コスト削減を柔軟にやっていこうとするものである。正規社員を非正規社員化してアルバイト料に，建物を売却して減価償

却費を賃貸料にして，それぞれ臨機応変に圧縮するのである。現在，非正規社員の生活不安が問題になっているが，これはこうした固定費の変動費化のもたらした経営政策の結果である。営業利益を上昇させるのに，この固定費の変動費化という経営政策を導入していることが，近年の特徴である。

しかしこの固定費の変動費化は，労働者の立場から見ると，従業員の排除である（「図表序-1 株主価値経営の構造と排除の論理」参照）。企業組織内部の構成員から労働力市場という外部に投げ出されるのである。こうした排除の結果，労働者は生活的不安，精神的不安を強いられるのである。

2. 排除の論理から参加の論理へ

株主価値経営の下でのこうした労働者の排除の論理が貫徹されると，人々は不安の中で，排除とは異なる参加の論理を求めるようになる。

NPOは言うまでもなく参加の論理（「図表序-2 NPOの仕組み参照）で成り立っている。

NPOは掲げた使命（ミッション）に賛同すれば誰でも参加することができる。仕事上の能力が高いとか低いということは問題にならない。参加した人々は，対等に運動に参加できる。排除されたり強制されたりすることは決してない。NPOはこうした参加の論理によって，多くの人に支持され，そして世界中に広がっていったのである。

しかもNPOは，団体や法人であるが故に，寄付を集めることも出来るし，人を雇うことも出来る。また活動を組織的に行えるし，統一的に展開することも出来る。NPOのミッションには，平和活動や幼児の教育支援活動など様々だが，こうした社会的貢献活動は，このNPOの設立，制度化によって飛躍的に拡大していったのである。

3. 厳しい寄付金集め―事業収益に依存

こうした状況の中，NPOは飛躍的に拡大したが，この活動の基礎になる

寄付金は必ずしも大きく増えるものではない。寄付金は企業への投資と異なり見返りは貰えない。株式会社への投資は利益が出れば配当が株主に配られるが，NPOでは配当は禁止されている。利益のような剰余が出ればこれはNPOの内部に留保され，将来の経費として役立てられる。参加した個人に利益分配はない。したがってNPOへの寄付は何らの見返りはないのである。こうした仕組みであるが，寄付金が集まらなければ，活動はできない。

　見返りがないから寄付が少ないわけではないが，とりわけ寄付文化が定着していない日本では寄付金が少ない。寄付金を集めるには，まずミッションの意義をしっかりと説明しなければならない。NPOのリーダーは聡明な人物が多いので，この意義の説明は難しいことではない。社会的意義や将来の意義について明解に説明できる。しかし，寄付をお願いする時は，謙虚にしかも若干低姿勢にお願いしないと相手も気持ちよく応じてくれるものではない。お願いする時に寄付をして当たり前だとか，高姿勢で説明するのであれば，うまく行くものもうまく行かない。NPOのリーダーは聡明で雄弁だがプライドが高く中々へりくだることができない。へりくだってお願いするぐらいなら自分が頑張って事業収益を稼ぐことで活動資金を得ようとするのである。あるいは政府や地方公共団体に膨大で難解な申請書を書いて補助金を得ようとするのである。

　NPOはミッションが重要であるので，ミッションを説明，理解してもらって寄付金を集め，そして会員になってもらって会費を増やすことが大切だが，リーダーは，面倒くさい寄付集めと会員募集ではなく，事業収益と補助金のほうに活動の重点を移してしまうのである。

　とくに日本では，寄付文化が定着していないこと，リーダーがミッションの説明が苦手なこと，逆に事業収益を稼ぐのに必ずしも労を惜しまないこと，そして公的資金の獲得に躊躇しないこと，などの理由から厳しい寄付金集めが敬遠され，事業収益への依存という状況が見られるのである。

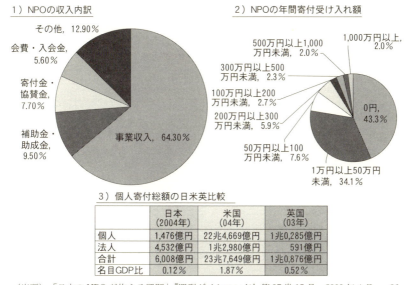

図表序-4 NPOの収入内訳

（出所）「日本のNPOが抱える課題」『週刊ダイヤモンド』第97巻15号，2009年4月，p.86。

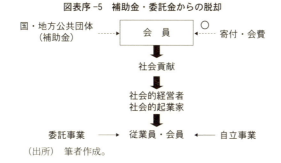

図表序-5 補助金・委託金からの脱却

（出所） 筆者作成。

4. NPOからソーシャルビジネスへ

　問題を抱えながらも，日本にNPOが定着し一般化していったが，しかし設立数は伸びたものの，活動の質的な発展はある意味で限界に来ているという批判が多く出てきた。批判の中には，NPOの政治的利用や補助金目当て

の悪用，そして半ば犯罪的活動なども，その批判には含まれていた。

しかしこうした政治性や犯罪性への批判よりも，社会貢献をするのであれば，寄付金や会費に依存することにこだわらず，利益を求める例えば株式資金でもいいのではないか。ミッションさえ達成されるのであれば，株式会社でもいいのではないか。こうした意見や主張が出てきたのである。つまりミッションの達成が大切なのであって，NPOの形態とか株式会社の形態とか，団体・企業形態にこだわることはないという意見である。

こうした意見の背景にはNPOの活動の停滞ということよりも，株式会社の大きな変化があったことが重要である。それは，リーマンショック以降，株式会社の経営目標が株主価値経営に加えて社会的価値も含めるようになり，企業価値の概念が変わったということである。

1990年頃までは，企業価値は，成長力であった。売上高や資産の大きさなど規模の拡大を目指したのである。売上高，総資産の対前年比増が大きければそれは成長力があるということで評価された。

1990年以降リーマンショックの2007年までは，企業価値は株主価値であった。具体的には株価の成長であり，株式市場が低迷している時は配当の支払いが重視された。企業は機関投資家の喜ぶ株価の上昇のために経営者にROEの上昇を求めたのである。

しかし2008年以降，企業の株主重視に批判が集まり，これまで軽視してきた利害関係者―従業員，顧客そして社会・自然―への配慮が求められたのである。企業はこうした中，従来の株主価値だけではなく社会的価値も企業価値の概念に含めるようになってきた。特に年次報告書においてこれまで財務報告一遍当だったものが，CSR報告も行うようになり，社会的価値がこれまで以上に重視された。企業価値は，したがって成長力プラス株主価値プラス社会的価値に内容が変化したのである。

こうしたことから，社会的価値の追求，社会貢献は，NPOだけでなく株式会社も経営目標となった。したがって，株式会社，NPOという企業・団体の形にこだわるのではなく，社会的貢献，社会的価値の実現を重視していこうということになったのである。

NPOも事業収益をミッションの次の目標にすることではなく，事業収益をあげながら社会貢献，社会的価値の追求をしていくというソーシャルビジネスの概念を導入してきたのである。

　ソーシャルビジネスにおいては，NPOまたは株式会社にこだわることなく，社会貢献を目的にしているところを，ソーシャルビジネスと呼ぶことにしていこうということになっている。

　本研究会でも，NPOをこれまで主に扱ってきたが，少し視点と範囲を変えてソーシャルビジネスと呼ばれるものを研究の対象とすることにしたのである。

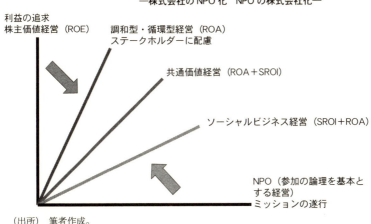

図表序-6　ソーシャルエンタープライズの誕生
―株式会社のNPO化　NPOの株式会社化―

(出所)　筆者作成。

(坂本恒夫)

# 第1部

NPO とは何か

第1章

NPO の現状と課題（1）[1]

　本章では非営利組織（NPO＝Non Profit Organization，本章では必要に応じて NPO と略す）についての概要，日本の非営利組織および欧米の非営利組織について，並びにこの本で日本の NPO として主に取り上げる特定非営利活動法人（NPO 法人）についての概要を述べる。第1節・第2節では，非営利組織とは何か，それはなぜ必要とされるのかについて考察し，第3節では日本の非営利組織についてその概略を述べ，今，日本で非営利組織が必要とされる理由を考察する。第4節では，本章で日本の NPO として取り上げる特定非営利活動法人（NPO 法人）について概要を述べ，その現状と課題を探る。

　以上より本章では，今 NPO が注目されていると言われているが，その実態はどうか，なぜ今 NPO なのかを明らかにするとともに，日本の特定非営利活動法人（NPO 法人）の現状と課題を明らかにし，そこから NPO の新しい流れとして社会的課題の解決をビジネスの手法を用いて取り組むソーシャルビジネスが台頭してきていることについても触れる。

1. 非営利組織とは

　本節では非営利組織及び非営利組織で構成される非営利セクターについての概要を述べる。

(1) 非営利組織（NPO）

非営利組織[2]（NPO）とは，教育，文化，医療，福祉，国際協力など，様々な社会的活動を行う非営利・非政府の民間組織のことをいう。剰余金を組織外部に分配することを制度的に禁じられている。

日本でNPOという場合は，狭義には特定非営利活動促進法に基づく特定非営利活動法人（NPO法人）やそれに法人格のない任意のボランティア団体や市民活動団体を加えたものを意味する。広義には社団法人及び財団法人・社会福祉法人・学校法人・医療法人・宗教法人なども含まれる。またNGO（Non Governmental Organization：非政府組織）も同様の組織を意味するが，日本では国境を超えて活動する民間国際援助団体を意味することが多い。

ここで本章では，日本の場合の狭義のNPOを意味する特定非営利活動促進法に基づく特定非営利活動法人（NPO法人）及びそれにボランティア団体・市民活動団体等を加えたものを，日本のNPOとして考察することとする（図表1-1参照）。

図表1-1　非営利組織の範囲　NPOに含まれる団体の種類

①	②	③	④
特定非営利活動法人（一法人）	市民活動団体（イ団体）	財団法人・社団法人　社会福祉法人　学校法人　宗教法人　医療法人	労働団体　経済団体　協同組合等

公益団体　　　　　　　　　共益団体

（出所）　内閣府『平成12年度国民生活白書』第Ⅰ部第5章第1節第Ⅰ-5-3図を元に筆者作成。

NPO は市場重視の資本主義下で各国政府の財政状況が厳しい中，政府が行っていないところ，あるいは行えなくなったところと，民間営利企業では進出しにくいところ，その隙間を埋めつつサービスを提供している。つまり社会貢献につながる組織体である。

(2) 非営利セクター

社会の中にある様々な組織は大きくは，政府部門・企業部門（民間営利部門，いわゆる一般の企業部門）・民間非営利部門の3部門に分けられる。その内の民間非営利部門を非営利セクターという。つまり NPO が属しているセクターが非営利セクターということになる。

今，世界的に非営利セクターが発展してきており，NPO の発展も著しい。NPO 先進国と言われているアメリカでは 150 万団体を数える NPO が，年間1兆ドルを超える価値を生み出しており，NPO セクターは小売業・卸売業に次ぐ第3の産業に成長している。またアメリカ以外でも同様の傾向が見られ，NPO セクターの世界全体の支出は世界の GDP のほぼ 5% を占めるとされている[3]。

国際比較上の定義[4]としては，ジョンズ・ホプキンス大学教授のレスター・サラモン氏を主査として 1990 年から実施された「非営利セクター国際比較プロジェクト」での国際共通基準がある。ここでは，各国比較をする上で以下の図表 1-2 の 5 つの要件を満たすものを非営利組織としている。

図表 1-2 非営利組織の国際比較上の定義

組織としての実体があること（formal）
民間の団体であること（nongovernmental, private）
利益を分配しないこと（non profit distributing）
自己統治されていること（self-governing）
自発性に基づいた組織であること（voluntary）

（出所）雨森（2012）p.16 及び山内（2004）pp.30-31 を元に筆者作成。

2. 非営利組織（NPO）が必要とされる理由

　非営利組織が必要とされる理由には，いくつかの見地からのものがある。ここでは次の3点をあげることとする。

　まず経済学の見地から，市場の失敗・政府の失敗を補完するものとして非営利セクター及びそれを構成する非営利組織が必要であるとするものがある[5]。ここでいう市場の失敗とは，例えば市場メカニズムでは公共財（非競合性・非排除性を持つもので，代表例は公園や道路など）の供給がうまくいかないことである。これは政府がするものとされる。一方で政府は多様な公共財のニーズに対し対応しきれず，特に公共財と私的財の中間的な性質を持つ準公共財の供給がうまく対応できないことがあるとされる。これを政府の失敗という。これら市場も政府もできないことを補完する役割が非営利セクター及びそれを構成する非営利組織にあり，それゆえ必要とされるというものである[6]。

　次に経営学の見地からドラッカー（2007b）では，今後の社会は知識社会に移行していき，非営利組織が重要になっていくと述べられている。ここでドラッカーのいう非営利組織の役割について，田中（2012）は「人間変革機関としての役割（人間を良い状態へ変える役割がある）」と「市民性創造の役割（非営利組織での活動を通じて市民として社会に貢献できる）」としている。また教育学の見地から，佐藤（2004）では「NPOの持つ教育力」に注目している。これは知識を与えるタイプの教育，すなわち学校での教育などのフォーマルな教育の場ではなく，NPO活動を通じて，問題にとりくむ参加型の学習により自らも学んでいる，そういう教育力がNPOにはあるというもので，生涯学習社会において重要とされている。

　このようにNPOは社会貢献に資する組織であり，社会にとって必要なものとされる。

3. 日本の非営利組織（NPO）

本節で，日本の非営利組織についてその概要を述べる。

(1) 日本での現状

　日本にも古くから非営利活動をする組織はあったが（例えばお寺がそれに該当するが，寺小屋は昔の教育の非営利活動と言える），第二次大戦後は各々が法律で定められた非営利組織が中心となり（公益法人・病院・学校・社会福祉法人・宗教法人など），市民が自らの手で社会的課題の解決を図ろうとする時に適した法人形態があまりなく，任意団体で福祉活動などを行っていたが，法人格が無いために活動に制約を受けることも多かった。そうした中で1995年に起こった阪神・淡路大震災の時に多くのボランティアが集まったことがひとつの契機となり（ボランティア元年と呼ばれた），1998年に特定非営利活動促進法が成立した。この法律により，市民が自らの手で社会的課題の解決を図ろうとする時に有効である特定非営利活動法人（NPO法人）が設立できるようになった。その後，税制面等の整備も進み，2011年の東日本大震災でもこうした法人が大きな働きをし，NPOの重要性はますます高くなっている。一方，企業も良き企業市民として社会貢献をしていくことが求められるようになり（企業の社会的責任としてのCSR[7]活動など），企業とNPOとの協働が多く見られるようになっている。また近年は，NPOをめぐる主に収入面の厳しさを補うため，社会的課題の解決にビジネスの手法を用いて取り組む社会的企業（ソーシャルビジネス social business）も多く設立されるようになってきている。このソーシャルビジネスがNPOに限らず社会的課題の解決や社会貢献へのひとつの潮流となりつつあるが，これについては第3部を参考にしていただきたい。

(2) 非営利セクターの大きさと発展

　日本では，三菱UFJリサーチ＆コンサルティングの調査「非営利セク

ター・社会的企業の雇用等について」(2010年) によると，2004年度の非営利セクターの付加価値総額は23.8兆円で同年度の名目GDPの4.8%に相当し，ボランティア労働の市場価値等を考慮した場合は30.1兆円となり，対名目GDP比は6%と推計される。

また非営利セクター全体の収入で見ると（民間非営利団体の合計値），2000年度が23兆4,080億円であり，その後増加し続け，2012年度は37兆4,559億円[8]となっている。

なお主な非営利法人の法人数と1年間の増加数は図表1-3の通りである。

図表1-3　主な非営利法人の現在数及び過去1年間の増加数

法人格	法人数	調査月	増加数（前年比）
特例民法法人	19,860	2011年12月	-2,923
一般法人	33,029	2013年04月	10,416
公益法人	8,243	2013年04月	2,950
特定非営利活動法人	47,771	2013年05月	2,020
うち認定特定非営利活動法人	447	2013年05月	187
社会福祉法人	19,498	2012年03月	n.a.
学校法人	5,543	2012年05月	n.a.
宗教法人	182,868	2008年12月	n.a.
医療法人	47,825	2012年03月	n.a.
更生保護法人	165	2012年10月	n.a.

（出所）　非営利法人データベースシステムー NOPODAS　公益財団法人公益法人協会 HP http://www.kohokyo.or.jp/ より (2014.2.11 閲覧)。

(3)　日本でNPOが必要とされる理由

NPOがなぜ必要とされるのかについては，民間営利企業では手を出せない分野，政府でも手が回りにくい分野の社会的課題の解決を図るために必要とされているということだが，補足としてNPOの持つ価値についてここで述べる。NPOの持つ価値についてはその表現も含めいくつかの説があるが，次の3点をここでは採ることとする[9]。

1) 人々が協働して社会問題の解決にあたるための組織である。

2) 個人が参加することで，自分は社会のメンバーであり，社会に問題があるときにそれを解決する当事者だという当事者意識を持った市民を作る。
3) 未知の課題に新しい方法を考えながらチャレンジしていくという意味で未来を担う。

日本は，少子高齢化，財政再建ほかの難題を抱えている。最近，少し明るさがでてきたが長い間デフレに苦しんできた。このような社会では，NPOの持つ価値を用い，民間営利企業では手を出せず，行政では手が回らない分野の社会的課題の解決に取り組んでいくことが必要である。

我が国においてNPO活動がより活発となり，構造的に社会の中にNPO活動が組み込まれれば，市民・行政・企業等との協働などを通じて社会的課題の解決をしていくことで，住みやすい豊かな社会が作られていくと考える。これをイメージで表すと図表1-4となる。

図表1-4　社会的課題解決を通じてより豊かな社会を作る循環図

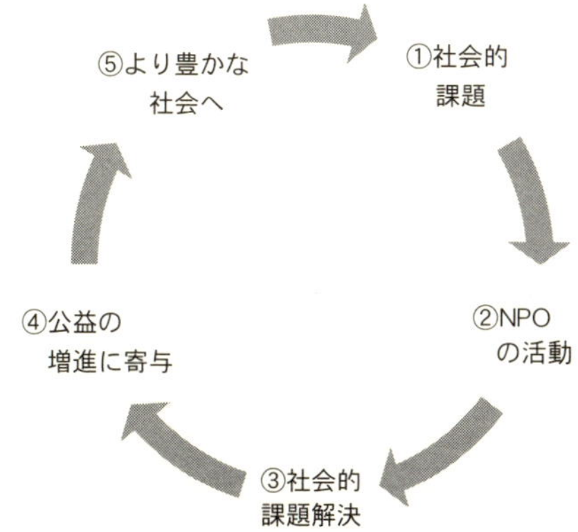

①社会的課題 → ②NPOの活動 → ③社会的課題解決 → ④公益の増進に寄与 → ⑤より豊かな社会へ → ①社会的課題

（出所）　筆者作成。

つまり，図の①から⑤が良い循環となって善い社会を作っていくということである。

以上のようにNPOは，日本の社会の様々な課題解決の一翼を担い，豊かな社会を作っていく鍵のひとつとなると考えられる。ここに日本におけるNPOの必要性がある。

4. 特定非営利活動法人（NPO法人）とは―その現状と課題―

本節ではNPOの中から，市民が社会的課題の解決に自ら取り組んでいける法人形態として，特定非営利活動法人に注目する。この特定非営利活動法人は特定非営利活動促進法に基づく法人であるが，同法ではその目的を第1条で「この法律は，特定非営利活動を行う団体に法人格を付与すること並びに運営組織及び事業活動が適正であって公益の増進に資する特定非営利活動法人の認定に係る制度を設けること等により，ボランティア活動をはじめとする市民が行う自由な社会貢献活動としての特定非営利活動の健全な発展を促進し，もって公益の増進に寄与することを目的とする」としており，市民が社会的課題の解決に自ら取り組んでいける法人形態に適していると考えられるからである。

特定非営利活動法人のこれまでの変遷を見ると，1998年の特定非営利活動促進法成立からの普及啓発の時代，次の法人数が増加していく時代を経て，現在は第三の時代，即ち中身・質が問われる時代に入ったと言われている。そこで特定非営利活動法人の現状と課題を考察する。

(1) 特定非営利活動法人（NPO法人）の現状 [10]

内閣府調査『平成25年度 特定非営利活動法人に関する実態調査』によると，次のようになっている。

法人数は4万7,303法人（2013年3月末），2000年での法人数は2,763法人であったことから，増加の一途を辿っている。

法人の活動は複数の分野にまたがっているところが多く，「保健，医療又は福祉の増進」が最も多く，以下「まちづくりの推進」「子どもの健全育成」「社会教育の推進」などが続く。なお，この活動分野については，2000年の時と比べても，順位は変わるが上位4分野は同じである（「保健，医療又は福祉の増進」が2000年も1位。なお2000年当時は活動分野は12。現在は20分野）。

また法人の収入・職員数・有給職員の収入は次の通りである。

法人としての年間収入は平均3,691万円，中央値では689万円，職員数は平均10人だが中央値では5人，また常勤有給職員数は平均4人で中央値では1人となっている。なお，常勤有給職員の1人当たり人件費は，300万円以下が8割弱（77.2％）を占めている（全体の5割弱が200万円以下）。

法人としての年間収入の少なさ（特に中央値で見た場合の少なさ）と有給職員に充てられる人件費の少なさは，2000年と比較しても改善はされているが，まだ低い水準である（2000年の時の法人の収入は200万円未満が最多であり，また職員の平均収入は234万円である。平成12年度国民生活白書 平成12年11月経済企画庁より）。

つまり特定非営利活動法人は，数は多いが小規模なものが多く，収入も少なく，職員の雇用にも苦労しているところが多いというのが実情である。そこで次項で，同法人の課題を整理する。

但し，小規模なものが良くないということではない。職員を雇わずボランティアのみで，目的の事業を行っている法人も多い。いわば身の丈に合った経営とも言え，その目的に賛同する人は誰でも参加できるという特質から考えても，これもひとつの形と言える。

この誰もが参加できるという点については，坂本恒夫氏が坂本・丹野（2009）で「参加の論理」として述べている。「NPOでは社会的公益に貢献するという気持ちさえあれば，排除されることはなく，自らが社会的公益活動に参加しているという精神的喜びがあり安寧である」という内容なのだが，これも重要なことである。激しい競争社会においては，その競争についていけない人は排除されていく可能性も高い。そういう社会で社会貢献をしながら，自分の居場所を持てるということは，NPOの持つ優れた点の1つであると考える。

(2) 特定非営利活動法人（NPO法人）の課題

上記の現状を踏まえ，課題としては以下の点が指摘されている[11]。

収入規模が小さく運営基盤が脆弱な団体が多い。人材も不足し財政面と合

わせて持続的な経営に課題が残る。またその経営については，多くの法人に「経営する」という概念が浸透していないとされる[12]。特定非営利活動法人は，その団体のミッション達成のための事業遂行においてしっかりとした組織作りが必要で，経営マインドを高める必要がある。

日本の NPO のなかでも特定非営利活動法人が抱える課題には上記のようなものがあるとされているが，これらの課題を解決し，持続的発展が可能になるようにするにはどうしていけば良いだろうか。

そのための解決策のヒントがこの本を通じて述べられているが，そのひとつとして NPO の持続的経営のためにソーシャルビジネスが発展してきていることが挙げられる。ソーシャルビジネスとは，「社会的課題を解決するためにビジネスの手法を用いて取り組むもの」をいう[13]。代表例として NPO などの非営利組織が挙げられることが多い（ソーシャルビジネスについては，詳しくは第 3 部を参照のこと）。

この本の題名が『NPO，そしてソーシャルビジネス―進化する企業の社会貢献―』としているゆえんである。以下，各章での様々な考察を見ていただきたい。

（菅井徹郎）

（注）
1　本章は菅井（2015）第 1 章に主に依拠している。
2　山内・田中・奥山編（2012），p.181，坂本・丹野（2012），p.184。
3　クラッチフィールド・グラント，服部訳（2012），pp.2-3。
4　雨森（2012），p.16。
5　前掲書 雨森（2012），pp.120-123。
6　なお経済学の見地からの説明には，他に契約の失敗がある。これについては前掲書 雨森（2012），pp.123-124 を参照のこと。
7　Corporate Social Responsibility，略称：CSR。
8　内閣府 HP　http://www.cao.go.jp/（2015.12.8 閲覧）。平成 24 年度民間非営利団体実態調査。平成 12 年度民間非営利団体実態調査。
9　パブリックリソースセンター（2012），p.29。
10　前掲 内閣府 HP http://www.cao.go.jp/（2015.12.8 閲覧）。
　　平成 25 年度 特定非営利活動法人に関する実態調査（NPO 法人実態調査 25 年度版），平成 12 年度国民生活白書 平成 12 年 11 月経済企画庁。
11　田中（2011），pp.142-149。
12　坂本（2004），p.1。

13 ソーシャルビジネスについては様々な定義がある。ここでは経済産業省のソーシャルビジネス研究会における定義の一部を抜粋した。
　　経済産業省 ソーシャルビジネス研究会報告書 平成 20 年 4 月　http://www.meti.go.jp/policy/local_economy/sbcb/sbkenkyukai/sbkenkyukaihoukokusho.pdf（2016 年 1 月 25 日閲覧）。

(参考文献)
(和書)
[1] 跡田直澄（2005）『利益が上がる！ NPO の経済学』集英社インターナショナル。
[2] 雨森孝悦（2012）『テキストブック NPO 第 2 版』東洋経済新報社。
[3] 伊佐淳（2008）『NPO を考える』創成社。
[4] 今田忠編著（2006）『日本の NPO 史― NPO の歴史を読む，現在・過去・未来―』ぎょうせい。
[5] 加藤寛（2005）『立国は私なり，公にあらず―日本再生への提言―』第一法規。
[6] クラッチフィールド，L. R.・グラント，H. M.，服部優子訳（2012）『世界を変える偉大な NPO の条件』ダイヤモンド社。
[7] 坂本恒夫・丹野安子編著（2009）『図解 NPO 経営の仕組みと実践』税務経理協会。
[8] 坂本恒夫・丹野安子編著（2012）『ミッションから見た NPO』文眞堂。
[9] 坂本文武（2004）『NPO の経営』日本経済新聞社。
[10] 佐藤一子編（2004）『NPO の教育力―生涯学習と市民的公共性―』東京大学出版会。
[11] 菅井徹郎（2014）「非営利組織（NPO）と NPO 法人について―NPO 法人の活性化のために―」『日本中小企業・ベンチャービジネスコンソーシアム年報』第 12 号。
[12] 菅井徹郎（2015）「非営利組織の持続的発展に関する研究」博士論文，嘉悦大学。
[13] 田尾雅夫・吉田忠彦（2009）『非営利組織論』有斐閣。
[14] 田中弥生（2011）『市民社会政策論』明石書店。
[15] 田中弥生（2012）『ドラッカー 2020 年の日本人への「預言」』集英社。
[16] ドラッカー，P. F.，上田惇生訳（2007a）『非営利組織の経営』ダイヤモンド社。
[17] ドラッカー，P. F.，上田惇生訳（2007b）『ポスト資本主義社会』ダイヤモンド社。
[18] パブリックリソースセンター編（2012）『NPO 実践マネジメント入門 第 2 版』東信堂。
[19] ポーター，M. E.（2011）「共通価値の戦略」『DIAMOND ハーバード・ビジネス・レビュー 2011 年 6 月号』ダイヤモンド社。
[20] 山内直人（2004）『NPO 入門＜第 2 版＞』日本経済新聞社。
[21] 山内直人・田中敬文・奥山尚子編（2012）『NPO NGO 事典』大阪大学大学院国際公共政策研究科 NPO 研究情報センター。
[22] 山内直人・田中敬文・奥山尚子編（2014）『世界の市民社会 2014』大阪大学大学院国際公共政策研究科 NPO 研究情報センター。

(洋書)
[1] Drucker, P. F. (2006), *Managing the Nonprofit Organization* : Harper Business.

(URL)
[1] 公益財団法人公益法人協会 HP　http://www.kohokyo.or.jp/
[2] 経済産業省 ソーシャルビジネス研究会報告書 平成 20 年 4 月　http://www.meti.go.jp/policy/local_economy/sbcb/sbkenkyukai/sbkenkyukaihoukokusho.pdf
[3] 内閣府 HP　http://www.cao.go.jp/
　　内閣府 NPO HP　http://www.npo-homepage.go.jp/

平成25年度 特定非営利活動法人に関する実態調査（NPO法人実態調査25年度版）。
平成12年度国民生活白書 平成12年11月経済企画庁。
平成24年度民間非営利団体実態調査。
平成12年度民間非営利団体実態調査。

（雑誌）
［1］ alterna（オルタナ）（2013）「NPO成長の条件」『オルタナ July 2013』（NO.33），オルタナ。
［2］ 週刊東洋経済（2013）「NPOでメシを食う！―想いをビジネスに変える手法―」『週刊東洋経済 2013年4月13日号』東洋経済新報社。
［3］ 日経グローカル（2013）「持続可能なNPOはこう作れ―有識者・実務家に聞く心得5カ条」『日経グローカル 2013年7月1日号』（No.223），日本経済新聞社 産業地域研究所。

第2章

NPOの現状と課題（2）
― 西会津国際芸術村 ―

　「NPO法人西会津国際芸術村」が発足した12年前は，まだ「NPO」を良く知らない人が大勢いたと思うが，今やNPO法人の数は当時の2倍強（内閣府HPより：H16年約2万1,000～H27年約5万）となった。大方の人達の認知を受けて，NPOとしても仕事がやり易くなって来たのではないかと思われる。

　私共のNPOは美術・芸術をベースに12年前にスタートした。そこでNPOの設立経緯と12年間の歩みに加え，今後その体験を生かして，新たなソーシャルビジネスの提案をしたいと思う。

1. NPO西会津国際芸術村

　NPO西会津国際芸術村は西会津町の要請・委託（委託金）を受けて，「西会津国際芸術村」を運営・企画をする為に平成16年（2004年）発足した。過疎化になりつつある町を，芸術をツールに町の活性化を図ると共に，中学校統合で廃校になった木造校舎（当時，築・約60年）の再利用を目指したのである。当初は東京スタッフ約8～10名と，行政の担当課（発足当時は西会津町地域振興課）の職員数名と2名の現地スタッフの共同作業で始まった。12年間には数々の失敗と成功が有り，その12年間を検証して行きたいと思う。

西会津国際芸術村前景

2. 福島県西会津町

　西会津町は人口 7,600 人（H23 年 4 月 1 日現在）で，福島県の北西部，新潟県との県境に位置しており，総面積は 298.13 km²。町の中央部を阿賀川が流れ，その流域は平坦な農用地が広がり，農林業を基幹産業とする中山間地の町で，北には福島，山形，新潟の 3 県にまたがる秀峰飯豊山を仰ぎ見ることができ，町土の約 86％を林野が占め，四季を彩る豊かな自然に恵まれている。町では，当時の町長・山口博嗣氏の指導のもと，町政の「すべてにやさしい健康の町にしあいづ」を基本理念に，「百歳への挑戦」を合言葉にして，「健康」をキーワードとした町づくりを進めていた。その「健康」も身体の健康だけではなく，産業，環境，教育などすべての分野で「健康」を基調とした町づくりをしているのである。

3. NPO の経緯

　児童達の減少により，平成 14 年 4 月，町内に 4 つあった中学校を 1 つに

統合した。

　その中の1つ「旧新郷中学校校舎」は木造で，60年（開村当時）前に建てられた校舎である。この木造校舎の活用方法を，東京のNPO法人新現役ネット（当時の理事長・岡本行夫）に協力を求めた事により，「芸術村」（アーティスト・イン・レジデンツ）として使用する構想が出来上がった。町から事業委託を受け，NPO法人西会津国際芸術村を立ち上げ，理事長には，新現役ネットの会員であり，立案者の画廊オーナー・安藤寿美子が就任した。

　芸術村開村2年目（2006年）から始まった西会津国際芸術村公募展を核に，滞在・協力芸術家の紹介斡旋／選定，芸術村におけるイベントなどの様々な活動を支えている。

　又，これまで11名の外国人と40名の日本人が芸術村の滞在／協力アーティストとして活動してきた。また，毎年10月には公募展を開催し，特に青少年の芸術文化育成に寄与するための活動を中心に行っている。（西会津国際芸術村HPより抜粋……文・矢部佳宏）

4. NPO定款（定款の一部抜粋・参照）（NPOがやるべき事）

　第2章　目的及び事業

（目的）

第3条　この法人は，国内外の芸術家に創作の場を提供し，それに関連する各種事業を推進することによって，西会津町の「文化の香り高い芸術の里づくり」施策に寄与するとともに，子供から成人までを対象に，芸術に親しむ機会をつくり，人々に芸術の良さ（心グルメ）を啓蒙し，心豊かな社会を創出することを目的とする。

（特定非営利活動の種類）

第4条　この法人は，前条の目的を達成するため，次に揚げる種類の特定非営利活動を行う。

　(1)　学術，文化，芸術又はスポーツの振興を図る活動

(2) 国際協力の活動
(3) まちづくりの推進を図る活動
(4) 子供の健全育成を図る活動
(5) 社会教育の推進を図る活動

第5条　この法人は，第3条の目的を達成するため，次の事業を行う
(1) 特定非営利活動に係る事業
① 国内外から招聘した芸術家にアトリエを提供し創作活動を支援する事業
② 招聘した芸術家と共に町の人々への教育支援や地域交流の事業
③ 招聘した芸術家と共に芸術振興の勉強会や展示会などのイベント事業
④ 本法人の事業に必要な資料の編集制作とそれらの情報の提供事業
⑤ 本法人の事業に必要な国内外の情報の収集及び調査研究活動
⑥ その他本法人の目的を達するために必要な事業

(2) その他の事業
① 調査，研究の請負事業
② 芸術作品の販売及びレンタル事業
③ 出版事業
④ 広告事業
⑤ 食料品・衣料品・服飾雑貨・装身具・バッグ・日用品雑貨・室内装飾品・文房具・玩具の販売及び通信販売事業
⑥ 著作権，意匠権の管理，使用許諾及び販売に関する事業

前項第2号に掲げる事業は，同項第1号に掲げる事業に支障がない限り行うものとし，収益を生じた場合は，同項第1号に掲げる事業に充てるものとする。

参考
　　役　　員：安藤壽美子理事長ほか2名，監事1名
　　運営会員：NPO法人の社員が10名（H27年5月現在）

5. NPO 西会津国際芸術村 12 年間の歩み

第一期
※ 2004 年 1 月～9 月（準備期間）
西会津町経済振興課と東京スタッフの間での打ち合わせ期間（滞在アーティストの件等々）
NPO を立ち上げの準備，定款作成，外国人アーティストの選定を東欧系の大使館に要請。
リトアニア国大使館の協力を得て，2 月リトアニア国の文化行政と話し合う為東京スタッフ 2 人がリトアニアに行く。ヴィリニュス市・カウナス市の両副市長及び各文化担当官にアーティストの推薦を依頼。6 月 NPO 申請許可と同時に，推薦された 15 人のアーティストの面接の為，再びリトアニア国に行き，2 人のアーティストを選ぶ。

※ 2004 年 9 月
西会津国際芸術村 2 人のリトアニア・アーティストを迎えてオープン。

※長期滞在アーティストの活動
2004・9 ～ 2005・9
■ Egle Micikeviciute　エグリ・ミチケヴィチュウテ　(Lithuania/artist リトアニア／芸術家)
■ Kestutis Lanauskas　ケスチュティス・ラナウスカス　(Lithuania/sculptor　リトアニア／彫刻家)
　＊ 芸術村での作品展，東京日比谷公会堂ロビーでの作品展（新現役ネット協力），愛知万国博覧会・リトアニア館会場にて展示，東京・画廊にて作品展

2005・12 ～ 2007・3
■ Valentinas Butanaviciu　ヴァレンティナス・ブタナヴィチウス (Lithuania/artist　リトアニア／芸術家)

■ Kestutis Benedikas　ケスチュティス・ベネディカス（Lithuania/wood sculptor　リトアニア／木彫作家）
2007・6〜2008・6
■ Maria Ines Mira Silva Teixeira da Mota　イネス・モタ（Portugal/artist　ポルトガル／芸術家）
■ Rita Vargas de Freitas Matias　リタ・ヴァルガス（Portugal/artist　ポルトガル／アーティスト）
2008・7〜2009・3
■ Bruce Huebner　ブルース・ヒューバナー（Bamboo flute musican　尺八奏者／アメリカ）
■ Katrin Paul　カトリン・パウル（Germany/artist　ドイツ／芸術家）
2009・9〜2010・8
■ Yulia Yanarova　ユリア・ヤナロバ（Blugaria/artist　ブルガリア／芸術家）
2009・9〜2010・1
■ Rade Jarak　ラデ・ヤラク（Croatia/artist　クロアチア／芸術家）
2010・7〜2010・9
■ Saeko Hojo　北條佐江子（Japan/artist　日本／芸術家）

（西会津国際芸術村HPより抜粋……文・矢部佳宏）

| 2011・3　東日本大震災 |

　この震災を機に西会津国際芸術村も「第二期」に入った。そして福島原発の影響で暫くは外国人アーティストの来にくい条件になっているが，元々目指していた国内アーティスト参加が浸透し，切れ目なく作品展示が開催されるようになって来た。

第二期
　2013年4月より，地元会津出身のMLAランドスケープアーキテクチャー修士・矢部佳宏氏が芸術村に常駐する事により飛躍的に発展するようになった。「芸術を通して人々が集う場所」を目指してスタートしましたが，当初

は試行錯誤で，なかなか思うような形になりませんでしたが，プロのクリエータ（creator）も加わり，理想の「場」としての役割に近づき，国内外からも関心が多くなってきた。

※　新生「西会津国際芸術村」の出発
山あいの木造校舎から古くて新しい価値を創造・発信

2001年に廃校となった木造校舎（旧新郷中学校）を，創作活動・ギャラリー・地域文化の育成・グリーンツーリズムの拠点等に活用している文化交流施設である。山あいの静かな集落にたたずむ当芸術村では，自然と人間の付き合い方を見つめ直しながら，古来培われてきた伝統的な里山の暮らしの知恵を再評価し，古くて新しい価値観に寄る文化的なライフスタイルを探求している。

そして，地域の持続可能性を模索するため，"芸術"を広く人間の暮らしを支える"技"や"知恵"としてとらえ，地域が失いつつある歴史・風土・民俗・文化・伝統技術をデザインやアートの持つ創造の力と融合し，発信していきたいと考えている。（西会津国際芸術村HPより……文・矢部佳宏）

※　長期・短期滞在アーティストの活動
■ Sawa Horio 堀尾佐和（Japan/printmaker　日本／版画作家）
→堀尾佐和のブログはこちら。
2013.2～2013.7
■ Sue Hajdu　スー・ハイドゥー（Australia/artist オーストラリア／芸術家）
2013.7～
■ Takeshi Iizawa　飯澤 武司（Nishiaizu-town, Japan/cinema billboard artist　日本・西会津町／映画看板・福島県の名工）
2013.7～2013.9
■ Aya Suzuki　アヤスズキ（Japan/kuru-kuru-art　日本／クルクルアート）
2013.10～2013.11
■ Yoko Takahashi　高橋洋子（Nishiaizu-town, Japan/photographer　日本・西会津町出身／写真家）

2013.10 〜 2013.11
■ Takashi Eguchi　江口敬（Japan/photographer 日本／写真家）
2013.11
■ YOKOYAMATAKASHIMA DUO　ヨコヤマタカシマ DUO（Japan/impromptu musician　日本／即興演奏家）
2013.11 〜
■ Light Brothers ライト兄弟（Nishiaizu-machi, Japan/Lighting Designer 日本・西会津町専用照明デザインユニット）
2014.1
■ Saori Yoshida 吉田沙織（Toyama, Japan / artist 富山県 芸術家）
2014.4 〜
■ Otojiro 車音二郎（Nishiaizu-machi, Japan/Theatorical technician）
2014/5
■ WORLD TOURING NETWORK JAPAN ワールド・ツーリング・ネットワーク・ジャパン
2014.6
■ Akira Monoe　物江 章（Fukushima, Japan/photographer 日本・福島／写真家）
2014.7
■ TERAMAE Sisters　寺前シスターズ（Nishiaizu-machi, Japan/Plant Textile artist 日本・西会津町／草木織職人ユニット）
2014.8 〜 2014.9
■ Haruki Shinohara 篠原治樹（Niigata, Japan/photographer　日本・新潟／写真家 ）
2014.8
■ Kei Wakana 若菜 馨（Saitama, Japan/Sculptor 日本・埼玉／彫刻家）
2014.8
■ Masumi Aono 青野真澄（Saitama, Japan/Sculptor 日本・埼玉／彫刻家）
2014.10 〜 11

■ Masato Hanzawa 半沢政人（Fukushima, Japan/artist 日本・福島／芸術家）
2014.11
■ Atsunobu Katagiri 片桐功敦（Osaka, Japan/Flower artist 日本・大阪／華道家）
2014.11
■ Shujiro Murayama 村山修二郎（Tokyo, Japan/artist 日本・東京／芸術家）
2014.11
■ Masaaki Kimura 木村正晃（Niigata, Japan/Food artist 日本・新潟／料理研究家）
2014.11
■ Yoshimasa Ono 小野良昌（Tokyo, Japan/photographer 日本・東京／写真家）
2015.2
■ Takahiro Tsuzuki 都築崇広（Saitama, Japan/artist 日本・埼玉／アーティスト）
2015.2
■ Taishi Osahune 長船泰志（Tokyo, Japan/illustrator 日本・東京／イラストレーター）

（西会津国際芸術村 HP より抜粋……文・矢部佳宏）

6.「西会津国際芸術村公募展」

　2006 年第 1 回西会津国際芸術村公募展が始まりました。初めのころは，殆ど地元の作家が応募し点数も 40 点ばかりでした。年を重ねるごとに点数も増え，2015 年の今年 10 周年を迎え，作品数も 5 倍の 200 点近く，応募者も北海道から九州，時には海外からと知名度もあがり，良い公募展に育ちました。入賞者は東京の画廊でも展示する。

この成功の裏には東京NPOの2人の女性スタッフの地道な努力の賜物である。

特筆すべきは，約7,000人の町に年間約2,000人が来るようになった事である。

7. 私達の失敗

- 都会の人間が企画し，地元のお金を使い，地元の人に理解し難い分けのわからない「芸術村」活動をスタートさせた事に依る反感が，長い間消えなかった事。
- 地元の人達に説明もせず，ましてや引っ越し挨拶もせず，旧中学校舎「芸術村」の地区に入り込んだ事
- 滞在した数人の外国人アーティストとNPO代表の筆者は，いつも良い関係とは言えなかったが，その全てのアーティストが地区の人達，特に子供達と良い関係を作ってくれた事は，どれだけ「芸術村」にプラスになった事か計り知れない。そしてこのアーティストの活動には，協力する芸術村に常駐する2人の地元女性の大変な努力があったのである。
- 「石の上にも3年」と云うが，東京スタッフの，「西会津町と人々」「芸術」を愛する心と，「裏表のない誠実な活動」に，反対者はまだ居たとしても，町の人々の応援が始まったのである。地元と都会が共同で作り上げるようになるには，10年近い月日がかかった。

8. 芸術村が出来た事により西会津に出来た企画及び事業

　12 年前，町に投げた小さな小石はだんだんと大きな波紋になって来て，町の若者達が色々な企画や事業を立ち上げ始めた。
- 「日本ジョセササイズ協会」http://jjxa.strikingly.com/
- 「Nfes（エヌフェス：西会津木造旧建築ミュージクフェス検討委員会）」https://www.facebook.com/pages/N-f-es エヌフェス西会津木造旧建築ミュージックフェス検討委員会/671289792945178　西会津町の旧木造建築を活用したミュージックライブを企画する目的で，2014 年に発足した団体。
- 「西会津若者まちづくりプロジェクト」 https://www.facebook.com/projectwakamononishiaizu
　　西会津の若者で構成された地域振興を主とした有志団体。起業セミナーから娯楽イベントまで様々な活動を行っている。また，普段中々会うことのできない若者同士のネットワークが生まれる場としても知られている
- 「移住者相談」
- 「森のはこ舟アートプロジェクト 2014」http://www.morinohakobune.jp/
- 「福島藝術計画 × ART SUPPORT TOHOKU TOKYO」http://f-geijyutsukeikaku.info
- 「東京文化発信プロジェクト」 http://www.bh-project.jp
- 「はま・なか・あいづ文化連携プロジェクト」https://www.facebook.com/pages/はまなかあいづ文化連携プロジェクト　/406501279451980?sk=info&tab=page_info

9. 今後の NPO 自立に向けての課題

　　毎年過疎になっていく町を，芸術をツールに活性化する事が目的で立ち

上げたNPOで，資金の大半は町の補助金（税金）から出ているのである。会員は約30人程である。今後はますます魅力が増し，人々が集まりたくなり，関わる人が増えて来た事により，会員を増やす事に重点をおき，事業を構築し自立を目指していきたい。それが次の10節に繋がっていく事を考えている。

10．NPO体験をソーシャルビジネスに生かす

◎　NPO活動に従事して得たもの

　このNPOは，町からの委託金（税金）で運営されている。スタッフは活動費（大半は交通費）を受けていますが，給料は受けていません。NPO法人は，利益事業も当然やっていいわけですが，経理・決算の煩雑さを考えるとそれを補うだけの人的資源がなく，営利事業はやっていない。

　ところが，この活動を続けていて思ったのは，報酬と云うものは「現金」だけではないと云う事である。「何かを身につける」これは書物やインターネットからだけでは，得られないのである。そしてやり続けた12年の間に「心（精神）」の満足，「知識」「経験・体験」「人脈」を得た事は，何事にも代えがたい『利益・報酬』だと云う事を知ったのである。その体験・人脈を生かして次なる「ソーシャルビジネス」に活かせないか？……考えてみたいと思う。

◎　ソーシャルビジネスとは

　ではソーシャルビジネスとは何の事か？ ここに平易な言葉で説明されているので引用（一般社団法人ソーシャルビジネス支援協会より参照）する。少子化高齢化，育児・教育問題，引きこもり・ニート支援，障害者支援，環境保護，貧困問題，地域コミュニティ再開発など，解決されなければならない**社会的課題をビジネスの手法で解決**していく活動のことである。又，筆者はその他に，芸術文化・言葉文化・食文化・技術文化，その他それに類する文化の継承を主に取り上げるのも，ソーシャルビジネスの範疇と考える。以前であれば，上述のような課題の解決は，国や地方自治体，ボランティアが

担ってきた。
　ただ，時代の変遷と共に，様々な社会的課題が顕在化そして複雑化し，従来の取り組みでは解決が難しくなっている。
　そのため，社会的課題を解決する新たな手法として近年注目されているのがソーシャルビジネスである。

◎　ソーシャルビジネスの概要及びその認知度

　政府広報オンラインによると，ソーシャルビジネスを次のように定義している。

(1)　社会性

現在解決が求められる社会的課題に取り組むことを事業活動のミッションとすること

＜社会的課題の例＞

環境問題，貧困問題，少子高齢化，人口の都市への集中，ライフスタイルや就労環境の変化等に伴う高齢者・障害者の介護・福祉，子育て支援，青少年・生涯教育，まちづくり・まちおこし　など。

(2)　事業性

(1) のミッションをビジネスの形にし，継続的に事業を進めていくこと

(3)　革新性

新しい社会的商品・サービスやそれを提供するための仕組みを開発したり，新しい社会的価値を創出したりすること

　（地域課題の解決に取り組む「コミュニティビジネス」は，ソーシャルビジネスのうち，より地域性のあるもの。）

ソーシャルビジネスの現状

　ソーシャルビジネスの認知度は？　2008年4月経済産業省取り纏めの「ソーシャルビジネス研究会報告書」によると，その認知度は非常に低く，有効回答1,000人のうち，「思いつかない」が836人にも上っている。（以上一般社団法人ソーシャルビジネス支援協会より参照）

◎ 芸術文化・言葉文化・食文化・技術文化，その他に関するソーシャルビジネスへの提案
  ① 芸術文化──芸術家との交流の場
  ② 言葉文化──美しい日本語を学ぶ機会を増やす場
  ③ 食文化──昔からの伝統の日本食を作り・食す機会を作る
  ④ 技術文化──日本の職人文化・技術を守る会
  ⑤ 庶民レベルの国際交流の場づくり
  ⑥ 地方文化を学び地方の森林を守る為の都会と地方を繋げる仕掛けを作る
  ⑦ 都会とふるさとを結ぶ交流活動
  ⑧ 「都会人と地方人」「シニアと若者」の交流の場作り
  ⑨ ソーシャルビジネス活動を通して夢・出会いで，エキサイティングな人生にする為に働く場の提案

NPOの理念

　「芸術」は心に栄養を与える「心グルメ」との思いから，筆者はすべての事に取り組んでいる。

　地方や村が疲弊し，森や田畑が死ねば，都会も生きてはいけない。地方の再生を地方の人達だけに押し付けるのは，都会の人の身勝手ではないかと思うからである。地方あっての都会である。現在，地方の事情を知ってもらおうと，芸術活動のNPOと同時に，ソーシャルビジネスの理念としても，地方行政と共に「都会とふるさとを結ぶ交流活動」に力を入れようと考えている。

（安藤壽美子）

第3章

日本のNPO
―ザ・ピープル，ファザーリング・ジャパン，ハートフル―

　2016年2月末現在，NPO法人の認証数は5万822件である（内閣府統計）。1998年12月，特定非営利活動促進法が施行された翌年1999年は23件であった。その後右肩上がりに増えていった。また2001年10月に創設された寄付金優遇税制の対象となる認定NPO法人は，事業型のNPOがクリアしにくいなどパブリックサポートテストに問題点があった。しかし2012年4月に施工されたNPO法一部改正により認定要件が緩和された効果でその後増え始め，2016年2月末現在，938件と伸び続けている。NPO法人は小規模な組織が多く，内閣府の平成26年度特定非営利活動法人に関する実態調査によると，職員数は，6人～10人が19.4％，11人～20人が16.7％，31人以上が12.6％，0人は11.1％である。また常勤有給職員の人件費は，200万円～300万円が34.7％，100万円～200万円が27.4％，100万円以下が16.7％，500万円超は1.9％である。福祉活動のうち，介護保険事業の有給職員の割合が全体を押し上げているうえでの人件費であり，まだまだ株式会社等の普通法人の給与水準には達していない。

　NPOを機能別に分類すると，慈善型，監視・批判型，事業型になる。近年では事業収入による資金源により活動する事業型NPOが多い。ソーシャルビジネスを行っている企業，団体等のうち50％程はNPOである。これらの事業型NPOが，「社会性」「事業性」「革新性」が必要とされる（経済産業省ソーシャルビジネス研究会）ソーシャルビジネスの担い手として活躍しているといえる。

図表 3-1 機能別 NPO 類型

	慈善型	監視・批判型	事業型
成立時期	伝統的	主に60年代後半〜70年代以降	主に80年代〜90年代以降
活動内容	慈善活動	企業, 政府活動の監視・批判, 要求	社会的サービスの提供, 調査・情報提供
主たる資金源	寄付	寄付	事業収益
企業・政府との関係	独立/コラボレーション	独立	独立/コラボレーション

（原出所）　NPO法人イー・エルダー　事業型NPOのマネジメント講座・特別寄稿「事業型NPOの要諦（一橋大学大学院商学研究科教授　谷本寛治著）」より抜粋。
（出所）　峰岸和弘『図解NPO経営の仕組みと実践』chapter4「寄付金と認定NPO」。

ここでは, 事業型NPOとして活動している, ザ・ピープル, ファザーリング・ジャパン, ハートフルの事例を紹介する。

1. NPO法人ザ・ピープル

(1)　ミッション

自分たちが住むまちの問題を自分たち自身が考え, その解決のために主体的に行動する。そうした住民の存在がこれからの地域を支える基盤であると考え,「住民主体のまちづくり」を進めることを大きな活動の目的とする。また「地域」に対する意識を広げ, 地球市民のひとりとして, 自分たちの果たすべき役割を担うことを目的とする。

(2)　活動分野
① 保健, 医療又は福祉の増進を図る活動
② 社会教育の増進を図る活動
③ まちづくりの推進を図る活動
④ 環境の保全を図る活動
⑤ 災害援助活動
⑥ 国際協力の活動

⑦ 子どもの健全育成を図る活動
⑧ 前各号に掲げる活動を行う団体の運営又は活動に関する連絡，助言又は援助の活動

(3) 事業内容
① 古着リサイクル関連事業：古着を燃やさない社会をつくる。
　いわき市内 21 カ所，福島市など県内 18 カ所に設置した古着回収ボックスを通して回収される古着，宅配便で全国各地から送られてくる古着，その総量は 250 トンにもなる。このうち状態の良いものは常設の店舗やイベント・バザー等で格安の価格で販売。地域内リユースを進めている。リユースやメイク品づくりなどで活用できない古着は，自動車の内装材を製造する工場に運ばれリサイクルされる。地域内で反毛機を導入し，手芸用リサイクルウールワタの製造を行っている。
② 在宅障害者自立支援事業：地域に暮らす障がいをもった人々の暮らしを支援する。
　他の NPO 法人と連携を図りながら，ウエス材の原料となる古着の提供を行っている。また，東日本大震災後は，障がい者の手仕事作りなど自立支援に取り組んでいる。
③ 関連団体との交流・連携・協力事業：他の NPO との連携等ネットワークをつくる。
　市内の各団体との連携を図り，そのネットワーク組織確立のため「いわき市民間国際交流・協力団体連絡会」の事務局機能を果たす活動を行っている。また市内の 3NPO との連携により「震災後のいわきで希望のまちづくりを市民の手で進めよう」「いわきおてんと SUN プロジェクト」を立ち上げ，オーガニックコットン栽培・市民コミュニティ電力・被災地再生を学ぶスタディツアーの 3 事業に取り組んでいる。
④ 災害救援関連事業及び，ボランティア活動体験・研修受け入れ事業：

災害に対して向かい合う。

　災害の被災者に対して，救援物資としての古着の提供等の支援事業を行っている。東日本大震災では，いわき市も地震と津波の被災地となったことから，発災直後から避難所への救援物資の提供を皮切りに，いわき市小名浜地区災害復興支援ボランティアセンターを開設して被災者支援の活動を展開し，ボランティア活動体験受け入れの窓口として機能している。特に，津波や地震の被災者・福島第一原発事故の避難者・地域住民が交流し合える場づくりを目指して「小名浜地区交流サロン」「常盤地区コミュニティサロン」を開設，運営している。

⑤ ふくしまオーガニックコットンプロジェクト及び，第一次産業の活性化に関する事業：農業の再生を目指す。

　東日本大震災直後，原発事故に伴う風評被害等で疲弊した農業の再生を目指して，有機農法による在来種茶綿の栽培を行っている。農業者・地域住民・避難者・首都圏からのボランティア等々多様な人々が参加する栽培から，ふくしま再生のプロセスを生み出そうとしている。収穫した綿を加工して繊維製品を作り上げることで，新たな繊維産業創出を目指している。

⑥ 海外生活支援・教育支援：海外の貧困問題に取り組む。

　タイ国北部ナーン県において，山岳民族の子どもたちのための通学寮・子供センターの整備を行っている。また学習意欲があっても経済的な理由で上級への進学の難しい生徒（高校生・大学生）に対する奨学金の供与を行っている。

⑦ 情報発信事業：会報により活動状況を伝える。

　会報「ザ・ピープル」5,000部を発行し，会員及び公民館などを介して，一般市民への情報発信を行っている。

(4) 経緯

1990年12月からまちづくりを中心に地域に密着した活動を続け，2004年4月，任意団体から特定非営利活動法人へ移行し活動を継続している。2011

年3月11日に勃発した東日本大震災時,支援活動を始めるにあたり背中を押されることになる。震災後のいわき市小名浜地区復興支援ボランティアセンターの運営では,大きなダメージを被った第一次産業の復興を市民活動的手法で後押ししている。震災前の活動期間は長い助走期間だったのかもしれない。

図表3-2 ザ・ピープル まとめ

> 単独で向かい合うには大きすぎる地域の課題に対して,ザ・ピープルは古着リサイクル,オーガニックコットンプロジェクト等の新企画を組織として取り組んでいる。特に東日本大震災以降の支援活動は目覚ましく,26年間,団体を以って活動を継続してきた成果といえる。代表の吉田恵美子氏の継続する力強さに敬意を表する。

　ここで,阪神・淡路大震災,東日本大震災とNPO法との関連について述べる。

　特定非営利活動促進法(NPO法)が施行されたのは1998年12月である。それまでは特定非営利活動法人(NPO法人)という法人格はなく,NPOは任意のボランティア団体として活動をしていた。NPO法が制定されたきっかけとなったのは,1995年1月17日,兵庫県南部地域を襲った阪神・淡路大震災であった。その折,全国各地から130万人といわれるボランティアが集結し,目覚ましい活動を展開した。次第に社会に認められるようになっていたNPOの活動基盤を強化することが,1990年代の大きな課題として認識されていた矢先の出来事であった。この大震災での市民活動の躍進を機に1998年3月19日,任意のボランティア団体などの市民団体に法人格を認めるNPO法が制定され,同年12月1日,NPO法は施行された。

　2011年3月11日に勃発した東日本大震災では,災害ボランティアセンターで受け付けた活動者数は,2016年2月29日現在148万人余り。ボランティアセンターを経由せず活動したNPO等を加えるとかなりの人数になる。諸外国からの支援も多く有り難かった。

　東日本大震災後の2011年6月15日,参議院本会議でNPO法の一部を改

正する法律が可決・成立した。2011年6月22日公布，2012年4月から施工された。この一部改正により，従来の17分野の活動分野に，「観光の振興を図る活動」「農山漁村及び中山間地域の振興を図る活動」「都道府県及び指定都市の条例で定める活動」の3分野が追加された。また，認証制度の柔軟化・簡素化，信頼性向上のための措置も追加。認定NPO法人の認定要件緩和等寄付金に対する税額控除の導入など税制優遇拡充についても前進した。

2. NPO法人ファザーリング・ジャパン

(1) ミッション

父親支援事業による「Fathering」の理解・浸透こそが「よい父親」ではなく「笑っている父親」を増やし，ひいてはそれが働き方の見直し，企業の意識改革，社会不安の解消，次世代の育成に繋がり，10年後，20年後の日本社会に大きな変革をもたらすということを信じ，これを目的としてさまざまな事業を展開していくソーシャルビジネスプロジェクトを推進する。

(2) 活動分野
① 社会教育の推進を図る活動
② 地域安全活動
③ 人権の擁護又は平和の推進を図る活動
④ 国際協力の活動
⑤ 男女協同参画社会の形成の促進を図る活動
⑥ 子どもの健全育成を図る活動
⑦ 以上の活動を行う団体の運営又は活動に関する連絡，助言又は援助の活動

(3) 事業内容
① 講演会・セミナー
　　各種セミナー年間300本以上

② 管理職養成事業

　　イクボスプロジェクト

　　2014年3月からスタートしたイクボス企業同盟は，大手企業・保険会社・銀行等が参加し，中小企業・大学・自治体等も加わり増え続け，2016年9月9日現在100社に上った。イクボスとは，職場で共に働く部下・スタッフのワークライフバランス（仕事と生活の両立）を考え，その人のキャリアと人生を応援しながら，組織の業績も結果を出しつつ，自らも仕事と私生活を楽しむことができる上司（経営者・管理職）になることを目指すというものである。なお対象は男性管理職に限らず，増え始めている女性管理職も含む。家庭をあまり省みなかった男性たちを「笑顔のパパ」にしてきたように，仕事一筋だった管理職たちを「笑顔のイクボス」に変わってもらうための事業を今後，各種展開していく。

③ 全国フォーラム，緊急フォーラム
④ ファザーリングスクール父親学級

　　ファザーリングスクール，各自治体向けスクール，父親学級

⑤ 父親の育児・家事

　　多様な父親支援プログラムの実施・提供，子育てパパ力検定

⑥ 遊び・絵本・イベント

　　遊び講座，絵本ライブ，親子イベント

　　パパ，絵本プロジェクト・ボランティアチームでは，現役のお父さんたちが休みの日に全国に出かけ，ギターを弾きながら，3歳から小学生までの子どもたちに絵本を読んで聞かせるという活動である。この活動は，法人化する前から継続している。母親なら絶対選ばないような，でも子どもたちは大好きなナンセンスな内容が多い。ところが，多くの子どもたちが大笑いするなかで，全く笑わない子どもがいることに気づいた。そして，その後ろには必ず，決して笑わない父親がいた。子どもは笑い方を家庭で学ぶ。ところが，父親が仕事で追い詰められ，疲れているから家庭に笑いがない。笑っている父親を増や

すことは，未来の日本社会に大きな変革をもたらす。
⑦　男性の働き方改革，育休取得推進

　　さんきゅーパパプロジェクト，パパクオータ政策提言（アドボカシー）
⑧　ワークライフバランスコンサルティング

　　企業向け，自治体向け
⑨　企業提携・企業開発

　　パパが発信する事業，パパ向け商品開発
⑩　調査・研究・シンクタンク

　　アドボカシー，個人・企業の意識実態調査
⑪　パートナーシップ・ペアレンティング

　　家族の性と生を考えるプロジェクト，ペンギンパパプロジェクト（産後うつ予防）
⑫　女性の活躍推進

　　マザーリングプロジェクト
⑬　孫育て・中高年男性のエンパワーメント

　　イクジイプロジェクト
⑭　地域コミュニティ

　　男性の地域参画，パパネットワーク，PTA，防犯・防災
⑮　基金・支援・相談事業

　　フレンチトースト基金（父子家庭支援），タイガーマスク基金，パパエイド基金（東日本大震災支援）
⑯　若者・学生への啓発

　　ファザーリングステューデント，学校への出張授業

（4）　経緯

2006年11月に団体発足，2007年3月，東京都よりNPO法人として認証され，同年4月に設立。父親の育児参加を提唱し笑っている父親を増やすという信念の下，そのコンセプトに基づき次々とプロジェクトを立ち上げ活動

を展開している。代表の安藤哲也氏は，厚生労働省イクメンプロジェクトの顧問である。また，2015年10月，首相官邸で行われた，子どもの貧困をテーマに「子どもの未来応援基金」創設の発起人でもある。2016年9月9日の東京都の定例会見では，小池知事が，東京都はすべての管理職がイクボスを目指すとイクボス宣言をした。

図表3-3　ファザーリング・ジャパン　まとめ

> NPOとは，無償で社会貢献をしているボランティア団体としか認識していない人々も少なくない中，設立当初からソーシャルビジネスの推進を掲げている。イクメン（育児をする父親）という発想は，代表の安藤哲也氏が小学校5年生の頃にイメージしたという。父親支援のファザーリング・ジャパンは，NPOとして先駆的な存在といえる。

3．認定NPO法人ハートフル

(1)　ミッション

地域福祉の向上，地域社会の発展を目指すことを目的とする。

「住み慣れた地域で最後まで暮らしたい」そのための総合的支援を行い，ひとりひとりに最良の福祉を提供する。

(2)　活動分野

① 保健，医療又は福祉の増進を図る活動
② 社会教育の推進を図る活動
③ まちづくりの推進を図る活動
④ 観光の振興を図る活動
⑤ 農山漁村又は中山間地域の振興を図る活動
⑥ 学術，文化，芸術又はスポーツの振興を図る活動
⑦ 環境の保全を図る活動
⑧ 災害救援活動
⑨ 地域安全活動
⑩ 人権の擁護又は平和の推進を図る活動

⑪　国際協力の活動
⑫　男女共同参画社会の形成の促進を図る活動
⑬　子どもの健全育成を図る活動
⑭　情報化社会の発展を図る活動
⑮　経済活動の活性化を図る活動
⑯　職業能力の開発又は雇用機会の拡充を支援する活動
⑰　これらの活動を行う団体の運営又は活動に関する連絡，助言又は援助の活動

(3)　事業内容
①　介護保険・障がい福祉サービス事業
　ⅰ　居宅介護支援（ケアマネジャー）
　　介護保険に関する相談援助，個別の在宅介護サービス計画の作成，サービス事業所間の連絡事業
　ⅱ　通所介護（デイサービス）
　　デイサービス「よってって城山」定員10名，デイサービス「いち・にのさん」定員15名，2つのデイサービスの交流行事（合同レク）
　ⅲ　訪問介護（ホームヘルパー）
　　身体介護，生活援助，通院等乗降介助（介護輸送）
　ホームヘルパー養成講座は，職員が講師として話をすることで，職員自身のレベルアップにつながるだけでなく，その講座を受講した人たちがハートフルに参加し始め，人材確保にもつながっていった。現在は，制度内容が大きく変わったことと，講師を担当しながら実際の介護活動をすることの負担が高まったため，一旦，養成講座は終了している。
②　地域活動事業
　ⅰ　配食サービス
　　「おふくろ弁当」配達（保温容器・汁つき），「ハートフル弁当」配達（使い捨て容器）
　　配達時の安否確認，高崎市給食サービス事業（受託）

保温容器に入れた温かい食事を，その人に合わせた量・やわらかさ・大きさにして配食するサービス。
ⅱ　保険外サービス「たすけあい」
　草むしり，芝刈りなど庭の手入れ，通院の付き添い，ゴミ捨て，入院中の買い物代行・洗濯代行
ⅲ　たすけあいサロン，障害児相談支援
ⅳ　地域交流
　「よっといで市」（バザー等）の開催，ほっとエステサロン，実習生の受け入れ

(4)　経緯
① 　設立の経緯
　ハートフルがNPO法人として設立したのは，1999年9月である。初めは近所の納屋を借り，その地を事務所にしながら県庁で花を売って資金の足しにしていた。最初の熱い思いを忘れることなく，とにかく温かい宅配ご飯を提供したいと考え，ランチジャーにいれた食事を，まずは縁のあった一軒に持って行くことから取り組み始めた。それが『おいしい』と評判になり，初年度で12，3軒まで増えていった。
② 　設立後の経緯
　保温容器に入れた温かい食事を配食するサービスをコアにしながら，家事支援などの助け合い事業，高齢者・障がい者支援事業，イベント開催などを幅広く展開。ついに職員にボーナスを支給できるようになるまで事業が拡大した。2014年7月には認定NPO法人に認定された。
　代表の櫻井宏子氏に，事業成功の秘訣を聞くと「それは人材です」と明快な答えが返ってきた。よい人材がいて，よいサービスを提供していけば，自然と事業は拡大していくということだ。例えば，ある顧客が「風呂に入りたい」と言い出した。普通に考えると，とても風呂に入れない障害を抱えていた人なのだが，何とかして入れてあげたいとスタッフ皆が思い，そのための椅子を作って入浴させた。その顧客は入浴できたことを大

変喜んでくれて，次は歩きたいと言い始める。それで，また歩けるようになるための手伝いに取りかかる。このように，ひとりひとりに最高のサービスを提供しようとするスタッフがいる限り，必ずそれが評判を呼び，次の顧客開拓へとつながっていく。

　手作りで温かくおいしい食事を届けてくれるということから，口コミだけで広まったハートフルの活動は，既に，配食事業として70食となり，100食以上の温かい配食サービスを目標にしている。また市の委託事業を受託するまでになっている。今まで大手企業だけだった市場に，初めてNPOとして参入することができた。（経済産業省ソーシャルビジネス55選より）

図表3-4　ハートフル　まとめ

食事を作ることが難しい高齢者等に，保温容器に入れた温かい食事を配食するサービスを始め，地域の弱者を救済するという熱い思い。それだけでなく，収益を確保する活動を怠らなかった櫻井宏子氏の，代表として，また経営者としてのリーダーシップが，今も，ハートフルが継続し拡大している大きな要因である。

　介護について，オランダの高齢者福祉については，第2部第6章（4）で述べる。

（丹野安子）

（参考文献）
（和書）
［1］　今田忠編著（2006）『日本のNPO史』ぎょうせい。
［2］　坂本恒夫・丹野安子編著（2009）『図解NPO経営の仕組みと実践』税務経理協会。
［3］　坂本恒夫・丹野安子編著（2012）『ミッションから見たNPO』文眞堂。

（URL）
［1］　内閣府NPO，内閣府特定非営利活動法人に関する実態調査。
［2］　経済産業省ソーシャルビジネス研究会，経済産業省ソーシャルビジネス55選。

第 2 部

各地域の NPO

第 4 章

アメリカの NPO（1）

　本章では，NPO の先進国と言われるアメリカの NPO を概観し，その特徴を明らかにし，進んでいるとされるアメリカの NPO からの日本の NPO への示唆を考える。

1. アメリカでの NPO の誕生とその変遷[1]

　アメリカは，非営利組織（NPO）からなる非営利セクターが非常に発達した国といわれている。雨森（2012）[2]ではその理由として以下の点を指摘している。「① 米国が既存の政治的権力や宗教的権威から逃れ，新天地を切り開こうとした人たちによってつくられた国であること（米国には大昔からの領主・教会や修道院が存在しておらず，開拓民たちが何もないところから自分たちで公共的な施設を作っていった）② 更に米国の人たちは結社を作って物事に取り組みたがる傾向があったことが指摘されており，何事につけ団結し共同でコミュニティの事業を行った。今日の米国のボランティア活動，NPO 活動の起源はこうしたところに求められる」。

　また渡辺（2011）[3]では，アメリカは歴史的経緯として「新天地を求めてヨーロッパからアメリカに渡ってきたピューリタンをはじめとする人々が国づくりをはじめた。つまり，政府というものができる前に自分たちでコミュニティを作っていったわけで，何事も自発的に自分たちで取り組んでいくということが歴史的にしみついている」として，渡辺はこれがアメリカの非営利セクターの存在理由のひとつとしてあげられるとしている。

—アメリカでの NPO の変遷—

このようにアメリカでは NPO が元々発達する背景があったとされるが，1990 年代からその活動の必要性が一層高まり，更なる発展を遂げているとされている。それはなぜかを，1960 年代からの動きをもとに考察する。

アメリカは 1960 年代からジョンソン大統領の「偉大な社会」計画などにより，遅れていた福祉を改善するため福祉政策の導入，貧困の除去，高齢者・貧困者への医療補助などの施策を押し進めたが，財政支出が増大し国家財政を圧迫していった。そこで 80 年代以降，「小さな政府」を指向する動きが出てくる。

1980 年以降は，政府が財政赤字に苦しむようになり，民間セクターの公的サービス供給能力を見直す動きが強まった。フィランソロピーや財団といった「民」が公的サービスとかかわる下地があったこともあり，NPO（非営利組織）が役割を高めることとなる。

すなわち政府が公的サービスの供給に直接かかわるのではなく，NPO 等に補助金や委託金を支出する形で外部委託を行い，彼らに効率的なサービスを提供してもらう仕組みを推進するようになったのである。これは財政支出削減とセットで進められた。公的サービスに政府がかける費用を減らしつつ，利用者のニーズにかなったサービスを効率的に提供してもらうために NPO 等の民間セクターを活用するということで，いわゆる「小さな政府」の方向性が明確となった。

これが，アメリカでは 80 年代に入りレーガン大統領のもと改革が行なわれ，民間活力の導入をはかり「小さな政府」を指向するようになったと言われる動きと，NPO への影響である。

一方，1989 年にベルリンの壁が崩壊し 1991 年にソビエト連邦が崩壊，東西冷戦が終結した。ここに世界では，市場経済を中心とした資本主義の形態がほぼ主流となった。

このような状況下で，90 年代に入ると市場経済下，企業の利益の追求，株主価値経営（利益を追求し株主に還元する経営）が一層強くなり，失業する人や，ついていけない人たちがでてくる一方で，民間営利企業では手を出

しにくい分野で政府でも手が回りにくい分野の社会的課題を解決する必要性が増し，NPO（非営利組織）の存在がアメリカでも一層重要となってきた。

更にアメリカでは 90 年代に社会奉仕活動に関する法律[4]（コミュニティサービス法）を制定，さらにそれに関連する教育（サービスラーニング）を推進し，ボランティア活動が進み NPO が活発に活動を展開していった。

2000 年代に入ると，2007 年のサブプライムショック及びそれに端を発するといわれる世界金融危機，2008 年のリーマンショックと大きな経済変動が続き，NPO の必要性が益々高まった。一方，企業も良き企業市民として社会貢献をしていくことが求められるようになり（CSR[5] など），企業と NPO との協働が多く見られるようになってきた。つまり民間営利企業と NPO との垣根が徐々に低くなり，近年は社会的課題の解決をビジネスの手法を用いて取り組むソーシャルビジネスが多く設立されるようになってきている。

ここに今日アメリカの NPO は，市民による社会的課題の解決の場，新しい雇用の場，企業で働いている人たちのサードプレイスとしての場[6]，そしてソーシャルビジネスの主体のひとつとして，その重要性が一層増している。

なお NPO の発展を団体数で見ると[7]，1940 年が約 1 万 2,500 団体，1950 年が約 5 万団体，1977 年が約 79 万団体，2013 年では約 140 万団体へと増加している。分野も，伝統的な教育や福祉・医療に加え，環境・人権・町づくり・経済開発など多様化している。

以上の 1960 年代以降のアメリカの NPO の変遷を表にしたものが図表 4-1 である。

図表4-1 1960年代以降の米国NPOの動き

年代	事柄
1960年代～1970代	遅れていた福祉の充実を図る（「偉大な社会」計画など）。財政支出が拡大する。
1980年代	レーガン大統領が「小さな政府」を目指す。国家財政が厳しくなり，民間活力の導入を図りNPOが役割を高める。
1990年代	東西冷戦終結。世界では市場経済・資本主義を中心とした動きとなり，株主価値経営が強くなる。それに伴いNPOの存在も重要になる。
2000年代～現在	サブプライムショック，リーマンショックが起こる。企業も，CSR（＝企業の社会的責任）を推進するなど，より社会貢献をしていくことを求められるようになる。NPOは，社会的課題の解決の場・雇用の場・ソーシャルビジネスの主体のひとつとなるなど，その重要性が増す。一方で課題も出ている（第3節参照）。

（出所）筆者作成。

2. アメリカのNPOの種類と形態[8]

　NPOの設立については，アメリカでは法人格を取得すること自体は比較的簡単とされており，州に登録し認可をおろしてもらうが，概ね1週間・長くても1カ月以内には認可がおりるといわれている。法人になったあとで，税制優遇措置を受けることを目指すが，この税制優遇措置を受けられるかどうかが重要とされている（なおこの税制優遇措置は任意団体でも受けられるので，法人格の有無は本来，関係がない）。

　ここで，アメリカでの非営利組織（NPO）の分類は，内国歳入法（Internal Revenue Code：IRC）によりNPOを分類することが一般的で，内国歳入庁（Internal Revenue Service：IRS）によると，NPOとは連邦所得税が免除され，非分配制約を受ける団体のことで，活動の種類ごとにカテゴリーに分けられている。IRCで設定されている条件にかなうと，税制上の特典が増える仕組みとなっている。

　アメリカのNPOは大きく非公益団体（Noncharitables）と公益団体（Charitables）とに分類される。非公益団体は，相互に利益を享受する団体であるため，非営利だが非公益であるとされ，一方，公益団体は非営利であ

るだけでなく，公衆が利益を享受する団体であるという位置づけで分類される。

501条（C）というのが IRC の中の免税措置に対するコードで，その中には (1) ～ (29) のカテゴリーがあり，全部で2013年10月で約140万団体がある。その中で最も公益性の高く免税措置が特に行き届いたカテゴリーが，IRS Code 501条（C）3号に分類され，2013年10月現在，全米で約104万団体あるとされる（501条（C）全体の約74％）。

なお，アメリカで NPO という場合，501条（C）(1) ～ (29) すべてを対象とする考え方と，その中の501条（C）3号のみ，またはそれに501条（C）4号を加える場合とがある。但し501条（C）3団体が，NPO の収入全体の約80％を占めている。

日米の NPO の制度比較については，次の図表4-2を参照のこと。

図表4-2　日本の特定非営利活動法人と米国の非営利法人（501条（C）(3)）の制度比較

		アメリカ	日本
認定機関		内国歳入庁	所轄庁（都道府県，指定都市）
認定要件（対象）		以下の要件を満たす団体（内国歳入法501条(c)(3)）	以下の要件を満たす団体（特定非営利活動促進法第45条）
	本来事業（公益性）	限定列挙　慈善・教育・宗教等	限定列挙　保健，社会教育，まちづくり等
	非営利性	利益・残余財産の私的分配不可	利益・残余財産の私的分配不可
団体への優遇	法人税の非課税範囲	本来事業	収益事業（34業種）以外
	投資利益	原則非課税	原則課税
寄付金優遇措置		所得控除	所得控除又は税額控除
		[限度額あり]	[限度額あり]

（注）　アメリカについては2010年1月現在の制度。
（出所）　内閣府 NPO HP の表より筆者作成　http://www.npo-homepage.go.jp/（2015.8.20閲覧）。

3. アメリカのNPOの現状と課題

(1) アメリカのNPOの現状 [9]

アメリカでの非営利セクターが提供する商品・サービスは，アメリカのGDPの5.4％（2010年）を占め，2010年に支払われたアメリカ全体の賃金の9.2％は非営利セクターが占めた。

また2010年の非営利セクター有給従業員数は約1,070万人で，これは小売業の1,450万人，製造業の1,150万人についで3番目に多い人数で，アメリカの民間企業・団体就業者数全体の10.1％を占めている。

またアメリカのNPOとされる501条(C)の登録団体の総収入は，約206万38 USDmill，その内501条(C)3号の登録団体は総収入約166万960 USDmillである。

ここでアメリカのNPOの大きな特徴として，寄付の大きさがあげられる。またボランティアが多いことも，アメリカのNPOの特徴とされる。

寄付については，2012年度の寄付総額は約3,162億ドルで，内訳は個人による寄付が72％，財団による寄付が15％，遺贈が7％，企業による寄付が6％となっている。この個人による寄付の割合が高いのもアメリカの特徴とされる。（ちなみに2012年の日本の寄付総額は，アメリカのおよそ1/20程度である。）

ボランティアについては，2011年には約6,430万人のアメリカ国民がボランティア活動に参加し，その労働価値は1,710億ドルに値すると算出されている。

このようにアメリカで寄付やボランティアが多いのは，進んだ寄付税制をはじめ法律及び教育面での施策もあり米国では寄付文化・ボランティア文化が根づいているから，といわれている。その背景として，第1節の冒頭で述べたように，アメリカは非営利セクターが発達した国であり，またそれは米国の成り立ちに由来するものであるということがある。

アメリカは，開拓民たちが何もないところから自分たちで公共的な施設を

作り，自分たちで問題を解決しようとしていった国であり，何事も自発的に自分たちで取り組んでいくことが歴史的に染みついているというものである。このような状況下，寄付とボランティアが盛んになり，それが現在につながっていると思われる。

(2) アメリカの NPO の課題

ここでアメリカの NPO の課題はどのようなものがあるだろうか。研究者によると，以下の点が指摘できるとされている[10]。

① 政府による組織自体への助成の縮小やサービス受給者ベースの支援の拡大などにより，事業を行うための経費の不足など財政的な課題に直面している。

② 営利企業が従来の非営利団体の事業分野に進出してきたことにより，NPO が企業と競合する場面が増え，不利な立場に立たされている。

③ NPO の存在の妥当性を問う声が出ている。様々な社会的課題に対して何らかの結果を生んでいるのかが問われている。

この課題解決については，「第 5 章 アメリカの NPO (2)—ティーチ・フォー・アメリカ (Teach For America) —」の中の「3. TFA に見るアメリカの NPO の課題への対応と日本の NPO への示唆」のところで考察しているので参考にしていただきたい。

おわりに—アメリカの NPO からの示唆—

アメリカの NPO を見てきたが，その規模の大きさ・社会に浸透している点は米国の特徴である。特に NPO 活動を通じての市民の手による社会的課題の解決という点，寄付文化・ボランティア活動の浸透などは進んでいる点と思われる。加えて，これに関連した社会制度としてアメリカの法律と教育で参考になるものがある。第 1 節で述べた，コミュニティサービス法とサービスラーニングに関するものである。これらのアメリカの NPO の特徴は，日本の NPO への示唆となると考えられる。

またアメリカのNPOに近年見られる，社会的課題の解決をビジネスの手法を用いて取り組むソーシャルビジネスとしての発展という部分は，日本が学ぶべき点である。第1章で見たように，資金及び人材の不足・持続的な経営に課題が残るなどの日本のNPOの課題を考えると，それを解決するひとつの手法として示唆する点が大きいと考える。

本章では，NPO先進国といわれるアメリカのNPOを見てきたが，日本にも示唆を与える内容の多いものである。

（菅井徹郎）

（注）
1　菅井（2015），pp.10-12。
2　雨森（2012），p.111。
3　渡辺（2011），p.20。
4　National and Community Service Trust Act of 1993.
　　文部科学省，HP http://www.mext.go.jp/ より（2014.8.19閲覧）。
　　諸外国におけるボランティア活動に関する調査研究報告書（平成19年3月）。
5　CSR: Corporate Social Responsibility 企業の社会的責任。
6　サードプレイスとは職場・家庭につぐ第3の場ということだが，ここではNPOを，参加者にとって，社会貢献活動に参加していることによる心の安寧や自己実現を図る場としてとらえる。
7　山岸編（2000），p.42。
8　前掲書 菅井（2015），pp.12-13，山内・田中・奥山編（2014），pp.123-124，伊佐（2008），pp.147-152。
9　前掲書 山内・田中・奥山編（2014），pp.122-125。
10　前掲書 伊佐（2008），pp.176-180，前掲書 山内・田中・奥山編（2014），p.128。

（参考文献）
（和書）
［1］　雨森孝悦（2012）『テキストブックNPO 第2版』東洋経済新報社。
［2］　伊佐淳（2008）『NPOを考える』創成社。
［3］　サラモン，L. M.，入山映訳（1994）『米国の「非営利セクター」入門』ダイヤモンド社。
［4］　サラモン，L. M. アンハイアー，H. K.，今田忠監訳（1996）『台頭する非営利セクター』ダイヤモンド社。
［5］　サラモン，L. M.，山内直人訳（1999）『NPO最前線—岐路に立つアメリカ市民社会』岩波書店。
［6］　菅井徹郎（2015）「非営利組織の持続的発展に関する研究」博士論文，嘉悦大学。
［7］　ドラッカー，P. F.，上田惇生訳（2007）『非営利組織の経営』ダイヤモンド社。
［8］　日本ファンドレイジング協会編（2013）『寄付白書2013』日本ファンドレイジング協会。
［9］　山内直人・田中敬文・奥山尚子編（2014）『世界の市民社会2014』大阪大学大学院国際公共政策研究科NPO研究情報センター。
［10］　山岸秀雄編（2000）『アメリカのNPO』第一書林。

URL

[1] 岩田陽子「アメリカの NPO 税制」 http://www.ndl.go.jp/jp/diet/publication/refer/200409_644/064402.pdf
[2] 内閣府 HP　http://www.cao.go.jp/
　　内閣府 NPO HP（内閣府 NPO ホームページ）　http://www.npo-homepage.go.jp/
[3] 文部科学省 HP　http://www.mext.go.jp/　諸外国におけるボランテイア活動に関する調査研究報告書（平成 19 年 3 月）
[4] 渡辺元（2011）「アメリカの非営利セクターと制度」『Rikkyo American Studies 33』2011 年 3 月号。https://www.rikkyo.ac.jp/research/laboratory/IAS/ras/33/watanabe-g.pdf

第5章

アメリカのNPO（2）
―ティーチ・フォー・アメリカ（Teach For America）―

　本章ではアメリカのNPOの個別事例を取り上げ，進んでいるとされるアメリカのNPOからの日本のNPOへの示唆を考える。なお事例としては，教育系のNPOであるティーチ・フォー・アメリカ（Teach For America）を取り上げた。

はじめに

　［アメリカの事例としてティーチ・フォー・アメリカ（Teach For America）を選んだ理由］
　ティーチ・フォー・アメリカはアメリカで評価の高い教育系NPOであり，全米文系学生の就職希望先人気ランキングで近年常に上位に入っている。また数々の賞も受賞しているが，アメリカの非営利組織の研究の中でCrutchfield and Grant（2007）の研究において，アメリカで社会に大きな影響を与えている12の偉大なNPOのひとつに選ばれている。
　またこのNPOは，創業者ウエンディ・コップ（Wendy Kopp）が大学の卒論で書いた構想を実現しようと大学卒業と同時に始めたもので，コップ自身に社会経験もなく何の支援もない状態でゼロから始めたものであり，なぜ成功できたのか，その意味でも興味深い。このNPOを取り上げることにより，多くの示唆が日本のNPOにもあると考えられる。そこで，アメリカのNPOの例としてTeach For Americaを取り上げることとする。

1. ティーチ・フォー・アメリカ (Teach For America：TFA) の概要と現状[1]

　TFA は，教育格差の是正を目的として 1990 年にニューヨーク州ニューヨークに創設されたアメリカの NPO である。ウエンディ・コップが，1989 年プリンストン大学在学中に TFA モデルの構想を卒業論文にまとめ創設した。教員免許の有無に関係なく，米国内の優秀な大学を卒業した卒業生を対象に，全米各地の貧しい学校に卒業時から 2 年間正規雇用による講師として赴任させるプログラムを実施している。

　教育の推進と同時に，教える経験を通じて若者たちを次世代リーダーに育成する機能を持ち，ソーシャルビジネスの代表的な成功例とされ，2010 年には全米文系学生・就職先人気ランキングで 1 位となった（2014 年 5 位，図表 5-1 参照）。

　ミッションは「いつかこの国のすべての子どもたちが素晴らしい教育を受ける機会を得られるようにすること」で，TFA が確立したモデルを世界に展開するための組織としてティーチ・フォー・オール（Teach For All）があり，世界 39 カ国の加盟国（2016 年 3 月現在。TFA　HP より）のノウハウを収集・蓄積し共有する役割を担っている。日本では「ティーチ・フォー・ジャパン Teach For JAPAN」が 2012 年 1 月に正式加盟となった。また，この Teach For All の内，イギリスの「ティーチ・ファースト Teach First」は学生の就職人気ランキングで 8 位に入っている（2014 年度）。

　人気の理由としてはそのミッションが共鳴を受けていること，この NPO で働いたことがキャリアとなることなどが挙げられている。教育問題に関する取り組みは数多くあるが，TFA が特に優れているのは，目の前の課題を解決すること，すなわち「最貧地区で生活している子供たちの劣悪な教育環境の改善をすること」と，社会に長期的な変革をもたらすこと，すなわち「教師経験を通じて教育課題の重要性，緊急性を認識し，実際にその解決に従事した経験を持つリーダーを継続的に排出することを通して実現するこ

と」の2つを両立させた点にあるとされる。

図表5-1 米国（US）文系学生就職先人気ランキング 2014年

No.	Company	Trend (2013)
1	Walt Disney Company	→ 1
2	Google	↑ 4
3	U. S. Department of State	→ 3
4	United Nations	↓ 2
5	Teach For America	→ 5
6	FBI	→ 6
7	Peace Corps	→ 7
8	Apple	→ 8
9	NBCUniversal	↑ 10
10	National Security Agency (NSA)	↓ 9

（出所） UNIVERSUM HP http://universumglobal.com/ より（2015.10.10 閲覧）。

　ここで，今までの TFA の活動から導かれるポイントは以下の通りである。
　立ち上げから2年後に大きな転機が来ている。組織運営と主に寄付に頼っていた資金集めがうまくいかず，職員全員がこのままなら退職するという事態に陥った。これはコップが社会人経験がなく，そのミッションにかける情熱と個人のリーダーシップのみで組織を引っ張っていったために，社会企業家がアドバイザーにつき，市場での企業経営の仕方を教わり組織作りをすることによってこの問題が解消された。
　またこの時から個人からの寄付のみでなく，企業からの寄付も集めるようになった。さらにその後，寄付の集め方もただ依頼するのではなく，支援者を増やすために Teach For America 週間というイベントを行い（年に1度開催。あらゆる職業のリーダー達が自分の時間を1時間使って，全国で最も所得の低い子供たちに教えるというもの），ミッションを理解をしてもらい熱心な支援者になってもらうよう働きかけた。この実際にNPO活動を体験してもらうイベントを行い参加をしてもらうこと，それにより支援者を増やしていくことが大変重要であった。

その後，コップの情熱が実を結びだし，TFA が実際に行った教育支援が成果を見せ始め，支援者が更に増え組織も急成長していった。時代の変化もあり，事業の見直しを行い（増えた他の事業を分離し別の団体として運営してもらい，TFA は本来の事業に集中した），権限の委譲によりリーダーシップをとれる職員を増やしていった。また，コンサルティング会社などより優秀な人がミッションに共鳴し職員に加わるようになってきた。これらにより，TFA の組織がより良く機能するようになった。

一方，前述のように世界に TFA とミッションを同じくする団体をティーチ・フォー・オール（Teach For All）という形でネットワークを組んで作り，世界中の貧困地域での教育改革を目指している。

なお TFA は，2005 年度の収入が 4,100 万ドル，2010 年度の収入は 2 億 7,700 万ドルに達している。

2. TFA 成功のポイント

この NPO が成長した秘訣は何だったのだろうか。様々な要因が重なったと思うが，大きな要因はその教育システムにあるのではないか。大学を出たばかりの若者が教育環境の厳しい地域に行き，リーダーシップを発揮し生徒たちにモチベーションを持たせ成果を出す，蓄積されたノウハウの提供も合わせてこれを実現できる教育システムが TFA にはある，このことが高い評価を得て優秀な学生が集まり更に良い循環をもたらしていっていると考える[2]。

またアメリカの NPO 研究で，社会に大きな影響を与えている偉大な NPO には，共通の 6 原則があることを解明した研究がある。その社会に大きな影響を与えている NPO に TFA も入っているので，TFA はその共通原則を満たしていたため成功したと考えられる。そこで以下，社会に影響を与えている偉大な NPO の共通原則について考察する。

偉大な NPO の共通原則とは

Crutchfield and Grant（2007）は，アメリカで社会に大きな影響を与えている12の偉大なNPOを調査し，共通の6原則があることを解明した。同時に影響力を持続させるための基礎となる3要素も必要であると論じている。

ここで6つの共通原則（加えて組織の影響力を持続させるための3要素）とは，図表5-2に示したものである。

図表5-2　社会に影響を与えている偉大なNPOの共通原則*

第1原則	政策アドボガシーとサービスを提供する
第2原則	市場の力を利用する
第3原則	熱烈な支持者を育てる
第4原則	NPOのネットワークを築く
第5原則	環境に対応する技術を身につける
第6原則	権限を分担する

＊　他に組織の影響力を持続し深化させるための3要素（人材，資本，組織基盤）も挙げている。
（出所）　クラッチフィールド，グラント，服部訳（2012）pp.31-35より筆者作成。

以下，この偉大なNPOの共通6原則について説明する[3]。

第1原則　政策アドボガシーとサービスを提供する

この原則は次のように考えられる。一般的なNPOはサービス提供を中心とするものが多いが，それだけでは社会的課題の解決のための制度改革等にはつながらない。そのため，政策アドボガシー（政策提言）を行って政府の資源を利用したり，法律を変えたりして影響力を拡大するということも大事である。なおこの政策アドボガシーには，団体自身の持っている意義，どのような社会的課題がありそれに対して活動しているのかを知らせること，そういう社会への情報発信も含まれると考える。サービスと政策アドボガシーの両方を提供することにより，サービスと政策アドボガシーの間を埋め，両方の機能を有効に果たしながら社会への影響力を高めていくことが重要である。

第2原則　市場の力を利用する

　市場の力を活用し，企業を強力なパートナーとみなすようにする。これは企業もCSRを大事にし社会的責任を果たすことを重視する時代になっているので，NPOは企業と協働し市場の力を利用することが重要である。

第3原則　熱烈な支持者を育てる

　活動を支持してくれる個人が有意義な体験を行なえるよう工夫し，彼らを熱烈な支持者に変えていくことが必要である。熱心なフアンを作ることは大切なことである。偉大なNPOは，ボランティア1人ひとりに，組織の使命や基本的価値観の理解を促す体験を持ってもらうことの方法を生み出している。ボランティアや寄付者，助言者は，時間や資金，助言によって組織に貢献できるだけでなく，「エバンジェリスト（熱烈な使命の伝道者）」として組織に貢献できると考えている。これらのNPOは，より大きな目標を達成するために，強力なコミュニティを育成している。

第4原則　NPOのネットワークを築く

　他のNPO組織を，仲間として扱うことが大切である。競争相手の成功を助け，NPO同士のネットワークを築き，更に大きな活躍の場に進むためにエネルギーを使っている。これはいわば市場を広げることにつながることであり，大切なことである。市場が広がることは，そのNPO自身の利益にもかなうことである。

第5原則　環境に対応する技術を身につける

　変化する環境に適応し動く。失敗した時は，そこから学び，外部から得られるヒントにもとづいて自分たちのやり方を軌道修正する能力を習得する。そこで影響力を持続して時代に合った活動を行うことができる。環境変化に対応することは，大切である。この変化を読み誤って，倒産にまで追い込まれた民間企業も多くある。

第6原則　権限を分担する

　社会変革の強力な推進者となるために，リーダーの権限を分担する。社会

的価値を生み出す力を高める他者と力を共有し，強力なサブリーダーを育て，活発に機能する理事会を開発する。組織の規模が拡大し仕事が増えていけば，当然，各分野に責任者を置き，権限を分担すること，強いサブリーダーを作っていくことは大切である。

影響力を持続させるための3要素

この6原則を取り入れ外部に働きかけ影響力を高めると同時に，組織がその影響力を持続し深化させるため，人材，資本，組織基盤という3つの要素が重要である。

ここで，6原則とこの3要素が相まって，大きな社会的価値を生み出す「善の力」になっていくということが大切である。それはNPOにとって最も大切なミッションの達成につながることだからである。

以上がCrutchfield and Grant（2007）の研究で明らかにされた，社会に影響を与えている偉大なNPOの共通原則であるが，ここでTFAの立ち上げからの今までの活動のポイントをこの共通6原則と照らし合わせて見ると，次のように考えられる[4]。市場の力を利用し，寄付集めや組織作り・職員への教育などに効果をあげたこと（第2原則　市場の力を利用する），ミッションを理解してもらい熱心な支援者を作りその人たちが寄付をすることにまで結びつけたこと（第3原則　熱烈な支持者を育てる），貧困地域への教育というサービスを提供し，社会的課題を伝え人々の共感を得ていったこと（第1原則　政策アドボガシーとサービスを提供する），時代の変革に合わせ組織の変革を行ったこと（第5原則　環境に対応する技術を身につける），権限を分担しリーダーシップのある人々を育てたこと（第6原則　権限を分担する），世界にTFAとミッションを同じくする団体の集まりを作り活動の輪を広げたこと（第4原則　NPOのネットワークを築く），これらを通じて人を育て，組織基盤を整備し，安定財源作りをしていったこと（影響力を持続させるための3要素）などを考えると，これは，社会に影響を与えている偉大なNPOの共通6原則と影響力を持続させるための3要素をす

べて満たしている。

　以上のように，TFA は 6 原則を満たし，同時にその団体の影響力を持続させるための基礎となる 3 要素を満たすことにより，社会に大きな影響を与えながら成長し続けている。

3. TFA に見るアメリカの NPO の課題への対応と日本の NPO への示唆

　ここでアメリカの NPO の課題[5]には第 4 章で見たように以下のことがあった。
① 政府による組織自体への助成の縮小やサービス受給者ベースの支援の拡大などにより，事業を行うための経費の不足など財政的な課題に直面している。
② 営利企業が従来の非営利団体の事業分野に進出してきたことにより，NPO が企業と競合する場面が増え，不利な立場に立たされている。
③ NPO の存在の妥当性を問う声が出ている。様々な社会的課題に対して何らかの結果を生んでいるのかが問われている。

　これらについて TFA は課題をクリアーし，更なる発展をとげている。その理由は前述したように，Crutchfield and Grant（2007）の研究で明らかにされた，社会に影響を与えている偉大な NPO の共通原則を満たしていることが大きい。結果として，2010 年度の収入が 2 億 7,700 万ドルにも達する組織となっており，アメリカの文系大学生就職先人気ランキングで大手営利企業に伍して上位に位置する評価を得て，学生の有力な就職先となっている。またこれらの高い支持と収入は，TFA の存在の妥当性と社会的課題に対する実際の成果が評価されているからこそである。

　このように TFA はアメリカの NPO の課題に対応しているが，この 6 原則を満たすという点はアメリカの優れた NPO からの示唆であり，日本の NPO が学ぶべき点であるといえる。

　アメリカの NPO の課題への対応は，この点がヒントになると考えられ

る。また TFA はアメリカで最も成功したソーシャルビジネスのひとつといわれており，日本の NPO の進む道のひとつの例と思われる。

おわりに

　以上見てきたように，アメリカの成功した NPO とされる TFA からは，市場の力を利用すること，ビジネスの手法を取り入れていくソーシャルビジネスへの展開，アメリカの NPO 研究で明らかにされた社会に影響を与えている偉大な NPO の共通原則に対応していくことなど，日本の NPO への示唆が見られた。

　近年，日本でも学生を含めて NPO への関心が高まっており，NPO の就職説明会に以前より多くの学生が来るようになってきている。ここに，雇用の場としての NPO の可能性も出てきている。現状，NPO を巡る環境には多くの課題があるが，その解決に地道に取り組みながら，社会的課題の解決を通じての社会貢献により，より良い社会作りを行っていくことが肝要である。

（菅井徹郎）

（注）
1　菅井（2015），pp.36-38，山内・田中・奥山編（2012），p.260，コップ（2012），pp.1-5。
2　前掲書　菅井（2015），p.47。
3　前掲書　菅井（2015），pp.30-32，クラッチフィールド・グラント，服部訳（2012），pp.31-35，pp.267-269。
4　この分析については，前掲書　菅井（2015），pp.47-48 より。
5　伊佐（2008），pp.176-180，山内・田中・奥山編（2014），p.128。

（参考文献）
（和書）
［1］　伊佐淳（2008）『NPO を考える』創成社。
［2］　クラッチフィールド，L. R.・グラント，H. M., 服部優子訳（2012）『世界を変える偉大な NPO の条件』ダイヤモンド社。
［3］　コップ，W., 東方雅美訳（2009）『いつか，すべての子供たちに─「ティーチ・フォー・アメリカ」とそこで私が学んだこと』英治出版。
［4］　コップ，W., 松本裕訳（2012）『世界を変える教室─ティーチ・フォー・アメリカの革命─』

英治出版。
[5] 菅井徹郎（2015）「非営利組織の持続的発展に関する研究」博士論文，嘉悦大学。
[6] 塚本一郎・山岸秀雄編著（2008）『ソーシャル・エンタープライズ　社会貢献をビジネスにする』丸善。
[7] 山内直人・田中敬文・奥山尚子編（2012）『NPO NGO 事典』大阪大学大学院国際公共政策研究科 NPO 研究情報センター。
[8] 山内直人・田中敬文・奥山尚子編（2014）『世界の市民社会 2014』大阪大学大学院国際公共政策研究科 NPO 研究情報センター。
[9] 松田悠介（2013）『グーグル，ディズニーよりも働きたい「教室」』ダイヤモンド社。

（洋書）
[1] Crutchfield, L. R. and Grant, H. M. (2007), *Forces for Good : The Six Practices of High-Impact Nonprofits* : Jossey-Bass.
[2] Kopp, Wendy (2001), *One Day, All Children… : The Unlikely Triumph Of Teach For America and What I Learned Along The Way* : PublicAffairs,.

URL
[1] Teach For America HP　https://www.teachforamerica.org/
[2] Teach For Japan HP　http://teachforjapan.org/
[3] UNIVERSUM HP　http://universumglobal.com/

雑誌
[1] alterna（オルタナ）（2013）「NPO 成長の条件」『オルタナ July 2013』（NO. 33），オルタナ。
[2] 週刊ダイヤモンド（2009）「社会起業家　全仕事」『週刊ダイヤモンド 2009 年 4 月 11 日号』ダイヤモンド社。
[3] 週刊東洋経済（2013）「NPO でメシを食う！—想いをビジネスに変える手法—」『週刊東洋経済 2013 年 4 月 13 日号』東洋経済新報社。

第6章
欧州のNPO〈イギリス，オランダ，ドイツ〉

1. イギリスのNPO

(1) 形態

　イギリスではNPOは「貧困の防止・救済，教育の振興，宗教の振興等を目的とする」ボランティア団体として位置付けられている。日本が「非収益性」というところにポイントを置いているのに対して，イギリスでは「自発性・任意性」に重点を置いている。

　企業形態としては，有限責任保証会社（Company Limited by Guarantee：CLG）となっている。会員は出資額のみに責任を持つ有限責任であり，参加しやすい形態になっている。

　利益分配に関しては利益・残余財産の私的分配は不可とされている。優遇措置としては，事業に対して法人税の非課税範囲が適用されているし，投資収益についても原則非課税となっている。また寄付金への優遇措置としては所得控除が認められている。

　その企業数は，19万法人と言われるが，この中には大学が登録されていないので，大学を含めると60万法人という大きな数字になる。

　この企業の監督は，政府であり，内閣府に特別な部署（チャリティー委員会）を設けて，その任にあたっている。

(2) 小史

　イギリスのボランティアの歴史は古いが，この種の企業形態が台頭してき

たのは、1990年代に入ってきてからである。株主価値経営がイギリスで一般化した時代と符合する。チャリティ・ビジネスを行う団体が多くなったが、身近に生活不安を抱える人が珍しい存在ではなくなったからであろう。

　加えて移民が多くなり、他民族社会になってくると、政府単独で公共サービスを支えることは難しくなる。ボランティア団体と協力することによって財政負担を軽減したいという政府の思惑もあったと言ってよい。また移民急増の多民族社会で社会的なつながりを再生させたいという願いもこめられていたのである。

(3) 現状—意識の変革，効率性，チェックの充実，政策形成の透明性・具体性—

　株主価値経営の一般化だけでなく、1990年代半ばに「労働党政権」が誕生したことも大きな契機となった。ブレイアー首相は第3の革命をスローガンとしたが、これは単純な社会福祉、社会保障を実現するものではなく、政府セクターを担う組織・公務員にも意識の変革を求めるものであった。多くのボランティアが公共サービスを担うようになってくると、従来の公共セクターのサービススピリットの欠如や無能ぶりが表面化した。政府・公共セクターとボランティアの競争の中で、彼らの意識や姿勢に変化が表れてきたのである。

　また、いままで政府の財源は公共セクターが独占して利用していたが、ボランティアも利用することによって、効率性の側面での競争が始まると共に、ボランティアセクターにも効率性が持ち込まれ、単純なボランティアからワーカーズ・コープのようにボランティア団体にも効率性が持ち込まれ、どのように協働して成果を上げていくかが重視されてきたのである。

　さらに、これまでの政府セクターはチェック機能としては納税者であった。しかしこのボランティアが参加することによって、利用者や消費者がチェックするようになった。細部にわたり、公共サービスの質と内容を問うようになったのである。

　最後に指摘すべきことは、多様な組織が公共サービスの政策形成過程に参

加するようになったことである。これまでは政府のみが公共サービスの政策をすすめてきたが，60万ものボランティア組織が様々な意見やアイディアを持ち込むことによって，政策形成過程の透明性が高められ，政策が具体的に点検されるようになった。

(4) 課題

このように質的に進化するイギリスのNPO活動であるが，問題がないわけではない。それは，寄付活動が盛んなイギリスにおいてさえ，その活動資金を政府に過度に依存していることである。そして上位10の団体が政府の補助金を独占しているということである。

国・地方公共団体などの公共セクターは，公共サービスの硬直化と財政負担の重圧からNPOを補完的存在として位置づけ，両者は協力関係を維持してきた。

しかしその結果として，NPOはミッションの理念や財政の自立化の意識が希薄化し，公共サービスの補完的役割の地位に甘んじる存在になってしまった。自ら公共サービスの本質を問うことなく，また事業の理念を考えることなく，下請け的存在になってしまったのである。

その結果，NPOも寄付を募り，会員を増やして，きめ細かい公共サービスを展開するはずが，補助金を獲得して組織を維持するために，申請書を書く機関に成り下がってしまったのである。そして活動資金の多くを政府・地方公共団体に過度の依存をすることになってしまった。

しかも，その政府の補助金は，上位10の団体が独占しているのである。NPOも長い歴史と規模が拡大していくと，その実績は広く深く蓄積されてくる。したがって，政府に申請書を作成する時その実績と実例は豊富となり，きわめて説得力のあるものとなる。したがって，政府も補助金の対象NPOとして実績のある大規模NPOに資金を供与することになってしまうのである。

（坂本恒夫）

2. オランダのNPO

(1) NPOセクターにおける雇用

オランダの面積は，九州より少し大きいくらいで人口は1,679万人程の小国である。このオランダのマクロ経済規模における非営利セクター就業者の生産年齢人口に占める割合は，ベルギー・アイルランド・アメリカ・イギリスを抜き，堂々の1位である。

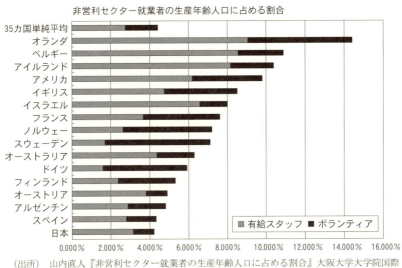

図表6-1 マクロ経済規模
非営利セクター就業者の生産年齢人口に占める割合

(出所) 山内直人『非営利セクター就業者の生産年齢人口に占める割合』大阪大学大学院国際公共政策研究所。

NPOセクターでの有償雇用で最も大きいのは「保健・医療」分野で，NPOセクターでの全雇用の42%（28万人）を占めている。次いで「教育」分野の27%（18万人）「社会サービス：高齢者・障害者ケア等のソーシャルワーク」18.9%（13万人）である。この3部門で全NPOの90%近くを占めるという福祉国家である。また，オランダでは成人のほぼ半数の人々が何ら

かのボランティア活動に参加している。これをフルタイム労働に換算すると40万人の雇用に相当する。オランダの人々が持つDNAに潜んでいるボランティア精神の賜物といえる。

　NPOセクターの収入は，政府からの公的資金が最大のシェアを占めている。福祉国家としての公的サービスの多くを民間のNPOが行っているのがオランダの特徴である。政府の福祉サービスについて，政府は財政的補助はするが実施はNPOに任せるという仕組みを取っている。オランダの経済社会システムが，政府－企業－NPO 3者の対等なパートナーシップによる合意によって運営される仕組みを導入している。この点で極めて21世紀的なシステムを構築している国といえる。

(2)　NPOの歴史

　オランダの市民社会の歴史は，多くの西欧諸国と同様に中世から築かれてきた。オランダの市民社会のルーツは，協会のチャリティー活動とギルドによる連帯である。20世紀におけるオランダの非営利セクターが他の欧州諸国の中でも特に成長した要因は，柱状化社会の形成と，それによる民間の非営利セクターと政府セクターとの関係の緊密化が挙げられる。柱状化社会とは，宗教や政治的信条を基に形成される集団を柱と呼び，柱の中での問題は柱の中で解決し，さらに柱間の問題は，柱の指導者同士で解決するというオランダ社会を特徴づける仕組みである。民間の非営利セクターには多くの公的資金が供与されており，教育，保健・医療，福祉の多くのサービスを提供している。

　オランダは，19世紀半ばから，国，州，地方自治体の行政組織からなる分権的統一国家と呼ばれる行政制度を採用しており，州や地方自治体は，自身の権益を主張することが可能である。州は，広域行政を所管する一方で，住民に近いサービスは地方自治体が行っている。ただし，州は，日本と比較して所管業務は少ない。地方自治体の執行部には，法規上は当該自治体の将来や方向性などを決定する自治権が認められている。第二次世界大戦が終わり，1960年代以降，教育の宗教からの分離，非イデオロギー化による柱状

化社会の解体が始まった。1980年代のキリスト教民主同盟（カトリック，プロテスタントの統合）により，新たに政労使の協調システム「オランダモデル」を作り上げ，さまざまな改革を進め，オランダの奇跡といわれたが，協調システムの根底には柱状化システムによる調整過程が貢献しているといわれている。

(3) オランダ流社会的思考

2011年3月11日に日本で勃発した東日本大震災でのオランダの取った行動はというと，発震後，各国の大使館は東京から避難した。オランダ王国大使館は避難をしなかった国の1つであり，独自の対応姿勢を取った。それはオランダが過去洪水などさまざまな災害と闘い，危機を乗り越えてきた1,000年の歴史と経験によるソーシャルシンキング（社会的な思考）があったからである。

<u>読売新聞2011年4月25日記事要約</u>　幸せな小国オランダの智慧より
　福島第一原子力発電所事故を受け，東京都内では，各国大使館の一部閉鎖，東京脱出が相次いだ。そんな中，東京にとどまり冷静に大使館業務を続けた国がある。オランダだ。「なぜ，東京にとどまったのか」。私（記者）は大使に会い率直な疑問をぶつけると，大使は身を乗り出してこう説明した。「第1の理由は，原発事故による放射線量は，医学的に東京に住んでいる人たちに影響を及ぼすレベルに達していないとのオランダ政府の判断。第2の理由は，関東には約700人のオランダ人がおり，大使館としては撤退できない。そして第3の理由は，日本とオランダの400年以上の長い関係に大きな責任を感じており，事態が悪化した時にとどまることも『トモダチ』の証しだと考えた」。

<u>オランダ流の発想—長坂寿久さんに聞く</u>　日本経済新聞2011年8月30日より
　長坂寿久氏（拓殖大学教授。65年明治大学卒）は，日本貿易振興会（現

日本貿易振興機構）のアムステルダム所長として1993年から約4年間，オランダに駐在。かつて生活していた米国とは異なる社会システムに注目し，本格的な研究を始めた。

　オランダについて，自分に迷惑が及ばない限り，あなたは何をしてもいいというような寛容さと黙認の文化がある国だと感じた。これは17世紀のオランダの黄金時代に根っこが形成され，当時，覇権国家となって商業が発展，アムステルダムは欧州の中継貿易センターになった。人種や宗教が異なる多様な人々が去来した。経済成長を遂げるには，異質であっても自分たちに意味のある人々を受け入れる必要があり，寛容性の素地が出来上がっていった。オランダの国土はほぼ九州に匹敵，1/4は海面下だ。堤防がなければ国土の65％が水で覆われる。そこから独自の平等主義も生まれた。「堤防の前では皆平等」という思想である。堤防は全員が協力，対処しなければ守れない。1カ所でも決壊すれば国は水没する。何百年にもわたる堤防を守る行動が，対等・平等主義を定着させた。

　オランダは，非営利組織（NPO）が欧米の中でも特に発達した社会である。市民はNPOを通じて日常的に政治に注文をつけている。政策決定にかかわるNPOの力は驚くほど強いという。政府は何か法律を作る際には，検討作業の最初から，関係するNPOの代表を，全てといっていいほど呼んで意見を聞き審議会をつくる。現場の市民の要求が次々と吸収され，より実態に即した政策作りにつながる。この国では，全雇用者に占めるNPO関係者の比率は12％を超え，先進国の7％を大きく上回る。それを支える理念は，パブリック（公共）の利益である。

(4) 高齢者福祉

　オランダ政府の高齢者福祉改革は，特に90年代半ばに進展した。ケアの質を落とさずに経費節減できるサービスの追求がなされたのである。その1つが代替政策である。「治療よりも介護，介護よりも予防，施設介護よりも在宅介護」の方針を打ち出し，次のような大きな改革をもたらした。

　まず施設サービスから機能サービスへの改革である。ショートステイ（短

期入所施設），ソーシャルサービス，デイサービス，グループホーム，ホームケア，給食サービス，緊急通報システムなど，地域ベースの機能型福祉を発展させていく方向を取るようになった。そして，地域に根ざした総合サービスへと，地域レベルでの効率的な専門ケアを提供し，家族介護などインフォーマル部門の活用を促した。そして「施設ケアから在宅ケアへ」という改革である。在宅ケアは施設ケアに比べ費用抑制につながり，要介護者のニーズにより対応できる。訪問看護婦やホームヘルパーが在宅ケアでは中心になる。ソーシャルワーカーやホームドクター（一般開業医）も関わり，それにボランティアが協力する。在宅ケアを支援するためにも，デイケアやショートステイの充実も必要となった。

図表 6-2　2011 年の医療介護・全予算の内訳

全予算	635 億 €
病院と専門医	202 億 €
在宅・高齢者ケア	161 億 €
精神保健ケア	51 億 €
障害者ケア	44 億 €
第 1 ラインのケア（ホームドクターが主）	41 億 €
PGB	25 億 €

(注1)　PGB：特別介護保険法のケア・指導，社会支援法の家事手伝い。
(注2)　全予算には，ここに挙げていない予防・社会援助費用・雑費などが含まれている。
(出所)　後藤猛『認知症の人が安楽死する国』雲母書房。

　オランダは新しい要介護者のニーズへの対応を追求し，絶えず先進的な試みを行っている国である。新しいアイディアがあると，まず特定の地域で実験的に実行し，結果がうまくいったものについて本格的に導入する。現金給付制度も，フローニンヘン市でNPOとの連携で実験を行い，さらに6カ所に拡大。その評価や反省を踏まえて導入されたものである。

HUFFPOST LIFESTYLE JAPAN　2015 年 4 月 25 日 WEB サイトより

http://www.huffingtonpost.jp/2015/04/25/netherlands-rent-free-student-nursing-home_n_7141312.html

　オランダ・アムステルダムから2時間ほど東，デーヴェンダーに「ヒューマニタス」という老人ホームがある。そこでは，簡単な1つの条件を満たせば，大学生たちに無料でそこに住むことを許可している。その条件は，毎月30時間，高齢の入居者と共に過ごすことだ。現在，施設には6人の学生と160人の高齢者が住んでいる。

　このアイディアは，高齢者と学生の間にポジティブな社会的相互作用を作り出すことを目的としている。それは，「ヒューマニタス」の住民であるすべての人たち，若者と高齢者の双方にとって有益だ。

　「学生たちは外の世界を内部に持ってきてくれます」。ヒューマニタスの最高経営責任者（CEO）であるジェア・シプケス氏は公共放送サービスPBSのニュースアワーで語った。「その交流の中にたくさんの温かさがあるのです」

　同施設には，食事の準備，コンピューターの使い方指導といった学生ボランティアが提供するサービスが数多くある。しかし，入居者のベッド脇で雑談したり，誕生日パーティーに出席するといったことも，学生たちの重要な役割だ。

　デーヴェンダーにあるサクシオン大学で都市デザインを専攻する学生は，2年前にプログラムが始まって以来「ヒューマニタス」に住んでいる。「大事なのは，良き隣人でいるということです」。彼はオーストラリア放送協会ABCのインタビューで語った。「高齢者は活気にあふれています。学生として多くのことを学ぶことができます」

　このプログラムは，オランダの高齢者介護のコスト増加に伴い，シプケス氏が始めた。ヒューマニタスの160人の入居者に心理的に温かい環境を提供するために，学生の助けを借りることが効果的だと考えたという。

（丹野安子）

（参考文献）
（和書）
［1］ 長坂寿久（2000）『オランダモデル―制度疲労なき成熟社会』日本経済新聞社。
［2］ 長坂寿久（2003）「オランダの NPO セクター研究ノート」『季刊国際貿易と投資』No.54。
［3］ 山内直人編（2006）『世界の市民社会』（藤澤姿能子第 11 章オランダ）。
［4］ 山内直人（2010）「非営利セクター就業者の生産年齢人口に占める割合」。
［5］ 雨森孝悦（2012）『テキストブック NPO（第 2 版）』東洋経済新報社。
［6］ 紺野登（2012）『幸せな小国オランダの智慧』PHP 研究所。
［7］ 後藤猛（2012）『認知症の人が安楽死する国』雲母書房。
［8］ 山内直人・田中敬文・奥山尚子編（2014）『世界の市民社会 2014』大阪大学大学院国際公共政策研究所 NPO 研究情報センター。

3．ドイツの NPO

(1) ドイツ NPO の背景

　NPO は，国際的に認知され現在では多くの国で使用されているが，もともとアメリカの歴史と文化を背景に発展してきたものと言える。日本では，アメリカ型の NPO が注目を集め，阪神大震災をきっかけにボランティア活動への関心が高まり，1998 年 12 月に特定非営利活動促進法が施行された。以降，NPO は急速に数を増やし，2006 年 4 月末で 2 万 6,713 法人が認証を受け，すっかり社会に定着した感がある。一方ドイツでは，NPO と言う概念は使用されているものの，例えば，日本の特定非営利活動促進法に該当するような法制度はなく，NPO に関するイメージは多様で幅広い。ドイツの非営利団体に該当する団体としては，「協会 "Verein"」がある。19 世紀に市民社会が発展する時に，職業や身分とは関係なく，自治や民主主義の原理を持って，第 3 の勢力として形成されたものであり，非営利の団体である。ドイツの「協会」は，公的セクター，経済セクター，家族以外の集団を示しており，ボランタリー・セクターに加えてコーポラティズムなどの第 3 セクターが含まれる。歴史をさかのぼると，中世の時代に発展した同業者組合である「ギルド」から発展したものであると指摘されており，公的セクターの対抗勢力としての第 3 セクターを含むという特徴を持つ。ドイツの「協会」には登録と非登録の協会があり，本研究では，ドイツの NPO 法人として

「登録協会"eingetrage Verein = e.V."」を対象とする。登録協会に関する調査を行い，それをもとに，分類を試み，活動を把握し，ドイツのまちづくり分野の「登録協会」の活動の特徴を把握することを目的とする。（東京都市大学・環境情報学部，第八号 武蔵工業大学環境情報学部開設10周年特集号 （2006年10月1日発行）参照）

　更にドイツでNPOに相当する民間非営利団体としては，前述の社団（登録社団e.V.），財団（Stiftung），公益有限会社，信託などがある。民間非営利団体は歴史的には古くから存在したが，公益的な活動は，とくに70年代以降に発展し，制度の枠組も整備された。活動領域は福祉，文化，環境，途上国援助などにわたるが，とくに福祉分野での存在感が強い。日本の市民団体や民間非営利団体に近い登録社団は，設立要件として7人以上の社員の存在がある。設立総会の議事録，目的・名称・所在地などを記した定款を用意し管内の裁判所に登録することで，法人格を得ることができる。財団および有限会社の設立も，比較的容易であるとされる。税の優遇措置は，法人格とは別に租税通則法（AO）が定めている。基本的に，非営利であり公益性が認められれば非課税の扱いを受けられる。寄付税制についてみると，原則として法人税の優遇団体への個人や法人の寄付は控除できることになっている。

　このようなドイツの非営利セクターは，雇用者総数に占めるNPO職員の割合が約6%に達している。また，財政的には運営費の約64%が公的補助によってまかなわれているが，とくに福祉・医療・社会分野ではこの比率が8割を超えている。ただし，スポーツ・レジャー関係の登録社団の場合，会費収入が運営費の約7割を占めるなど，活動分野によって割合は大きく異なる。

　雇用に関しては，失業者支援を実施する主体の1つが登録社団である点が興味深い。1例としてドルトムント（北西部ノルトライン・ヴェストファーレン州にある工業都市）の失業者センターをみると，失業者のための相談受付，情報提供，支援活動をメニューに掲げている。ドイツでは05年1月から，失業扶助（失業給付期間終了後に支給される）と社会扶助（生活保護に

相当）が「失業給付 II」に統合されるが，そのような制度変更の情報提供，相談は，このような団体によっても担われている。ドルトムント市に近いモエルス市には，モエルス失業者センターがある。ここでも失業に関する制度，求職，職業訓練などに関する相談が行われているが，労働組合が運営の主体となっていることが特長になっている。

　北ドイツ，ブレーメンの北西にあるオルデンブルク失業者センター（略称 ALSO）では，「朝食の日」や「コーヒーの日」を週に1回程度設けるなどして草の根の活動を行い，年間約6,000人の相談を受けている。ALSO はウェブサイトで，雇用促進政策などについての自治体との見解の相違を紹介。また，自治体からの公的補助が削減された事情を説明し，寄付を呼びかけている。地方自治体や行政との関係をみても，さまざまなケースが存在していることをうかがわせている。他の地域の失業者センターでも寄付を呼びかけているところがあり，財政も1つの課題といえそうだ。（フォーカス：2004年8月労働政策研究・研修機構，参照）

(2) 登録協会の特徴　（"eingetrage Verein ＝ e. V."）

　ドイツの協会は，既述のように古い歴史があるものの，1970年代に入ってから，市民社会の課題に対応すべく環境や福祉関係の協会の設置が相次ぎ，新たな段階に入った。ドイツの登録協会は，設立が容易で地区裁判所 "Amtsgericht" で既述の民法の規定に即していれば許可を得ることができる。ドイツ国内には，多くの登録協会があり，各地区裁判所で各登録協会の定款は公開されているものの，全体として把握できる。

　統計が十分に整備されておらず，正確な設置数は不明確である。なお，正確な統計とはいえないが，現段階での調査として "Vereinsstatistik 2003年" があり，これによれば，2001年で連邦全体の登録協会数は54万4,701件で，この調査で把握されている数だけでも約152人あたり1つの登録協会があることになり，設置数が極めて多い。2003年には57万4,359件へと2年間で5.4％も増加しているが，増加率が高いのは環（36％），利益団体（14.4％），雇用経済・政治（8.3％）である。2003年での全体での構成比は，

雇用経済・政治9.7％，利益団体8.5％，環境はわずかに1.3％である。「まちづくり分野」は，この分類では雇用経済・政治と，一部，環境，利益団体に含まれるが，詳細な統計は作成されていないので，把握は困難である。なお，日本では，認証を受けたNPOが2006年4月末までで2万6,713法人あるが，平成17年度市民活動団体基本調査によれば，「まちづくりの推進を図る活動」を重点分野とした法人は17％，活動分野とした法人は34.6％となっている。

図表6-3 日本とドイツのNPO制度の比較

国	日本	ドイツ
NPOの形態と準拠法	1 民法34条の公益法人 2 特定非営利活動促進法にもとづく特定非営利活動法人 3 その他特別法（たとえば社会福祉法）にもとづく社会福祉法 4 信託法66条にもとづく公益信託	1 民法と各州法による登録社団 2 民法と各州法による財団 3 非営利目的の有限会社
所轄庁および設立の主義	1 主務官庁による許可主義 2 所轄庁による認証 3 所轄庁による認可または準則主義 4 主務官庁による許可主義	1 準則主義 一定の書類を区裁判所に提出，社団登録簿に登録 2 寄付行為など州法にもとづく手続きを経て，許可 3 5万マルクで，有限会社を設立 準則主義払
監督等	1 毎年，事業報告書，決算書などを主務官庁に提出，情報公開の義務なし 2 毎年，事業報告書などを所轄庁に提出 所轄庁，法人ともに情報公開の義務あり	監督に関しては，州法で規定，非営利有限会社は情報公開の義務あり
収益事業課税	33種類は課税（ただし1は軽減税率） 2は普通法人と同率	租税通則法（AO）により税制優遇が認められる 関連事業は非課税
公益寄付金控除	個人の一般寄付金控除なし 特定寄付金（指定寄付，特定公益増進法人，認可特定非営利活動法人への寄付については所得×25％－1万円まで）法人の一般寄付金は，損金算入限度まで控除 指定寄付金は全額控除 認定特定非営利活動法人および特定公益増進法人への寄付金は損金算入限度額の倍額まで	個人の場合，年間所得の5％まで控除（学術，文化などへの寄付金は10％まで）法人の場合，年間売上高と支払い賃金の0.2％か，いずれか多い額 2000年税制改正で4万マルクまで寄付控除 財団新設に税制優遇

（出所）　内閣官房行政改革推進室，「日本と主要国のNPO制度の比較」より一部抜粋。

(3) ドイツ芸術系NPOからみたNPOの概略

　日本の憲法にあたる基本法で「結社の自由」が認められているドイツの非営利団体の活動の歴史は古い。教会系の団体が浮浪者や捨て子，高齢者などの世話を行っており，長い団体では千年以上も活動が続いているという。これらは現在もなお，国内の福祉分野で重要な役割を果している6大民間福祉団体（プロテスタント教会救済事業団など）へと受け継がれている。

　一口に「非営利」といっても，財団や社会自助グループ，協同組合などさまざまだが，日本のNPO法人に近い形態としては，ドイツで民法に保障された「登録社団＝eingetrager　Verein（e.V.）」がある。

　設立方法は簡単。非営利で7人以上の社員がいる，目的定款を作成する－など一定の条件をクリアしていれば，裁判所にそれらの書類を申請するだけ。これは日本のNPO認定過程と似ている。出資金は必要なく，登録を受けると団体名の後に「e.V（＝エー・ファウ）（市町村連盟）」をつける。

　だが，決定的に違うことがある。税優遇が受けられる点だ。ドイツではアメリカ合衆国同様，団体の目的が公益であるなどと認められた場合，会費や補助金，寄付金など収入が非課税となるほか，これらの団体への寄付行為も控除が認められている。e.Vなどのコンサルタントを行っているメセナタ社（ベルリン）のシュトラヴィッツ取締役によると，ドイツには登録社団を含めた非営利団体がおよそ百万団体はあり，そのうち35万団体が税優遇を受けている。社会構造にひずみが出始めた80年代からは，e.Vの登録が急増しているという。（十勝毎日新聞・NPO広がれ市民ネットワークインデックスより引用）

　以上は「十勝毎日新聞」の引用であり，ドイツのNPO一般の事情である。筆者が知りたいドイツ・アート系NPOに関しては，ベルリン在留の日本人や，日本の知人（空間創造研究所勤務）からの情報では少し違った報告もみられる。

　「十勝毎日新聞」の引用にもあるが，日本のNPOに近い概念のものとしては，「Eingetragener　Verein」（略e.V）というものがあり会社組織と言うより会員組織に近く，そして環境・エネルギー系の団体に多いようである。アート系で思い当たるところはないようである。ドイツでは，

「Gemeinnutzige GmbH」（略 g.GmbH）があり，日本で言うところの有限会社である。公益目的の組織もこれに含まれるため，これにはアート系の団体もあるとのことである。名の知れているところでは「芸術家の家ベターニエン」がある。http://www.bethanien.de/impressum/

　その他，公益性が認められるものは「Stiftung」（財団）になるようで，ベルリン郊外の古いお城をつかってアートフェスティバルをやっている団体などもある。公益性や寄付などの優遇はない（と思われる）が，本当に小規模に事業を行っているフリーのアート系の団体は，GbR = Gesellschaft burgerlichen Rechts（民間組合）や，あるいは普通の GmbH で活動していることが多いのではないかと思われる。

　NPO 事業はキリスト教関係の慈善事業から始まるので，その影響もまだまだある。また，芸術については，ドイツの美術館や博物館の入場料は日本やアメリカの半額以下である。それは国が援助をしているという事と，たくさんの企業が出資しているという事である。NPO は言うなれば登録する場所で，登録されているそれぞれの組合，慈善団体，企業などはそれぞれの名前で活動している。そして，「NPO」という字を目にすることはあまりないようである。

　Staatliche Bibliothek（国立図書館），Staatliches Museum（国立美術館）など，「Staatlich（国立）」がついていると国の管轄である。また，芸術に関しては Stiftung（財団）というものもある。NPO は税務署ととてもつながりがある。税金を支払うくらいなら，寄付をすれば税金の一部の支払いが免れるという事で，いうなれば税金逃れと云う面もある事は否めない事実でもある。

（4）アート NPO の事例
―かつての国境監視施設で活動するアート NPO―

　ベルリンの壁崩壊後，再びロンドンやパリに並び世界のアートシーンをリードする街の１つとなったベルリン。

第6章　欧州のNPO〈イギリス，オランダ，ドイツ〉　87

　Kunstfablik am Flutgraben（フルートグラーベンの芸術家のアトリエ）は，トレプトワ地区のシュプレー川につながる堀沿いにある。この建物は，もともと電車や自動車などの修理工場として建てられたが，東西分断時代には，東ドイツの国境警察が監視を目的として使用していた。ベルリンの壁崩壊後まもなく，アーティストたちが制作やイベントに使い始め，その後，リノベーションや組織の再編成を行ない1996年にクンストファブリークが誕生する。

　—川につながる堀沿いにある。この建物は，もともと電車や自動車などの修理工場として建てられたが，東西分断時代には，東ドイツの国境警察が監視を目的として使用していた。ベルリンの壁崩壊後まもなく，アーティストたちが制作やイベントに使い始め，その後，リノベーションや組織の再編成を行ない1996年にクンストファブリークが誕生する。

旧東ドイツ監視塔

今でも残るベルリンの壁

　彼らはベルリンのアートと文化生活をより豊かなものにすることを目指したNPO組織で，主な活動は，スタジオ運営，スポンサーとの連携事業，他の団体との連携事業，監視塔でのアートプロジェクトに分けられる。40室あるスタジオは，1平方メートルあたり約5ユーロ（800円）という非常に安価な値段で提供されており，24時間制作が可能。現在は，世界中からやってきた約60名ものアーティストが入居している。

　2002年からは，地元のガス会社をスポンサーとしてパートナーシップを

結び，ベルリン在住で35歳以下の若いアーティストを対象としたコンペを設立し，毎年開催している。入賞作家たちは，賞金や小冊子作成のほか，このガス会社のビルに設置する作品制作の機会を与えられる。年々ビル内に増えていく作品は，社員や関係者だけが目に触れるだけのものにするのではなく，クンストファブリークが定期的に作品鑑賞ツアーも実施している。また，ツアーはアート鑑賞月間のような大きなイベントにも組み込まれるなど，多くの人が鑑賞できるようになっている。この活動は，資金援助をしてもらう代わりに社名を大きく出す，というありきたりのスポンサーとの関係ではなく，双方が非常に密な関係を保って事業を作り上げていくメセナ活動の成功例となっている。

その他にも，彼らはベルリンで行われるアートフェアを始め多くのイベントに参加するほか，スタジオに入居しているグラフィックデザイナー達が企画したデザイン系のフェスティバルにも協力している。

彼らはベルリンのアートと文化生活をより豊かなものにすることを目指したNPO組織で，主な活動は，スタジオ運営，スポンサーとの連携事業，他の団体との連携事業，監視塔，また，ツアーはアート鑑賞月間のような大きなイベントにも組み込まれるなど，多くの人が鑑賞できるようになっている。(「PEELER」より抜粋・引用)

(安藤壽美子)

(参考及び引用，その他資料提供者)
(和書)
[1] 一般社団法人ソーシャルビジネス支援協会参照。
[2] 「PEELER」ベルリンアート便り。
[3] 河野章子（ベルリン在住・シェフ）。
[4] 橋爪優子（空間創造研究所勤務）。
[5] 十勝毎日新聞（NPO広がれ市民ネットワークインデックス）。
[6] 矢部佳宏（西会津国際芸術村コーディネーター・RLA登録ランドスケープアーキテクト MLAランドスケープアーキテクチャー修士（University of Manitoba）。

第7章

イギリスのNPO
―Fifteen London と FRC グループ―

1. Fifteen London

(1) Fifteen London とは

Fifteen London とは，2002年，Jamie Oliver が設立した社会的企業である。彼は，East London の Old Street に，恵まれない若者のための研修プログラムを実施するために，レストランを開業した。

彼が設立した Jamie Oliver 財団は，多くの人に楽しんでもらえる食事を

図表7-1 Fifteen London の概要①

- 企業形態　Social enterprise 社会的企業
- 業種　レストラン
- 場所　Old Street, East London
- 事業　恵まれない若者のための研修プログラムの実施
- 目的　レストラン事業への就職
- 設立　2002年
- 設立者　Jamie Oliver
- 所有者　Jamie Oliver 財団
- 財団のミッション　多くの人に楽しんでもらえる食事を作れるように教育
  （料理，食材の由来，栄養効果，活用できる適切な情報）
- 研修プログラム　商業的に成り立つレストランの運営
  非・国家研修プログラム
- 資金　不足の資金は慈善のかたちで集めている
  このモデルはアムステルダムとコンウエールで実証済み
- 評価　Fifteen London で行う

（出所）　筆者作成。

作れるように若者を教育し，彼らをレストランに就職させることであった。そのために，料理，食材の由来，栄養効果，活用できる適切な情報を学習させた。この研修プログラムは，公的な研修プログラムでなく，ビジネス的に成り立つレストランの学習をさせるためのものであった。

活動の資金はチャリティーのかたちで集めている。

図表7-2　Fifteen London の概要②

・歴史
2002年
18人の恵まれない若者をシェフとして雇った。
年齢は18～24歳で失業していた。
目的は，1つがレストランビジネスで働く機会を与えること，もう1つは，レストランビジネスの高い技術を与えること。
マスコミにも注目されたが，
25歳までは技術の習得に費やされた。
レストランは田園の野趣豊かな素材であり，それは季節的でそして出来るだけイギリス国内のもの。
2004年
フランチャイズであるFifteenアムステルダムが地下鉄の駅にオープン。
2006年
メルボルンにもオープン。
コンウオールにイギリス2号店がオープン。

（出所）　筆者作成。

(2)　小史

2002年，18人の恵まれない若者をシェフとして雇った。年齢は18～24歳で失業していた。ほとんど資格は持たず，個々人の境遇は異なっていた。Fifteenは，彼らに高い技術と強い支援を提供した。

Fifteenは，最初の仲間が15人だったことから名付けられた。Fifteenの目的は2つ，1つはレストランビジネスで働く機会を与えること，もう1つはレストランビジネスの高い技術を与えることであった。

マスコミにも注目されたが，25歳までは技術の習得に費やされた。しかし組織は着実に1つのビジネスモデルを形成していった。それは，25歳までの若者を研修させなくてはならなかったからである。

レストランは田園の野趣豊かなイタリアンフードと素材であり，それは季節的でそして出来るだけイギリス国内のものであった。

2004年，Fifteen のフランチャイズである Fifteen アムステルダムが地下鉄の駅にオープンした。2006年には，Fifteen メルボルンが，コンウオールにはイギリス2号店が，オープンした。

(3) 現状

『Newsweek』(2009.10.13) によれば，今日においても Jamie Oliver は高い評価を受けているという。ジャンクフードで育ったイギリスの子供たちに健康的な食習慣を紹介し，ドロップアウトした子供たちにシェフ教育を行い自立への道を促しているからだ。

Jamie Oliver の食育への挑戦は2007年から始まった。彼は自身のテレビ番組「ジェイミー・オリバーの給食革命」で，イギリスの深刻な給食事情を紹介し，栄養価が高く野菜をふんだんに使った給食を呼びかけた。番組に触発されたイギリス政府は，改善のため2億2,000万ポンドの予算を組んだ。

Jamie Oliver は，最近ではさらなる使命感に燃え，「世界的な社会起業ブランド」の設立を主唱している。ホームレスや元麻薬使用者の若者に職業訓練を提供することで，希望と自尊心を取り戻させることを狙いとしている。Fifteen 基金が運営するレストランチェーンで職業訓練をしている。

店のメニューは地中海料理の要素を取り入れた品々である。味はトップクラスで批評家から高い評価を受けている。しかし値段も高いが利益は基金に還元している。調理のほとんどは，見習いシェフがプロの指導を受けながら行っている。

訓練生の給料は安いが競争率は高い。ロンドン店では毎年20人の募集に100人以上の希望者が集まり，適正や熱意を厳しく審査され，ふるい落とされるという。だがその見返りは大きい。卒業生の何人かは有名店のシェフとして働いたり，ケータリングビジネスを展開するなどして活躍している。

2. FRC グループ

(1) FRC グループとは

　Furniture Resource Centre グループとは，中古家具のリサイクル，家具の製造・販売を通じて，失業と貧困の若者のための生活基盤の形成を目指す Social enterprize 社会的企業である。

　活動拠点は，Liverpool で，1988 年，Nic Francis が若者の家具事業への就職を目指して設立した。

　同グループの所有者は，Charity の Furniture Resource Centre である。

(2) 活動内容

　FRC グループのミッションは，若年者や失業者に対して，中古家具のリサイクル，家具の製造・販売を通じた職業訓練による自立支援である。

　研修プログラムは，回収された中古家具の解体や修理作業を行い，リサイクルされた中古家具をグループ会社である Bully Bob's を通じて販売するものである。Bully Bob's の顧客は，低所得者層である。

　こうした活動によって，若者，失業者に対して仕事を提供するとともに，職業訓練の過程で実施している各種表彰やイベントを通じて，職業意識の向上の実現をはかるという社会貢献を展開している。

(3) 特徴

　FRC グループの活動の中で特筆すべきことは，上記の社会貢献を SROI という指標を使って表現し，その貢献の成果を社会に公表していることである。

　SROI（Social Return on Investment，社会的投資収益率）＝貨幣価値換算された社会的価値÷投入された費用

　の算式でしめされるが，FRC グループは，これを『ソーシャル・インパクト・レポート』として公開している。このレポートによると，1 ポンドの

図表 7-3　FRC グループの概要①

- 企業形態　Social enterprise 社会的企業
- 業種　中古家具のリサイクル，家具の製造・販売
- 場所　Liverpool
- 事業　失業と貧困の若者のための生活基盤の形成
- 目的　家具事業への就職
- 設立　1988 年
- 設立者　Nic Francis
- 所有者　a charity, The Furniture Resource Centre
- ミッション　若年者や失業者に対して，中古家具のリサイクル，家具の製造・販売を通じた職業訓練・自立支援

（出所）　筆者作成。

図表 7-4　FRC グループの概要②

- 研修プログラム　回収された中古家具の解体や修理作業を行い，リサイクルされた中古家具をグループ会社の Bully Bob's を通じて販売
- 顧客　低所得層
- 貢献　若者，失業者に対して仕事を提供するとともに，職業訓練の過程で実施している各種表彰やイベント通じて，職業意識の向上の実現
- 資金　不足の資金は慈善のかたちで集めている
- 評価　社会的価値を SROI を用いて算出（£2.49）
  職業訓練の修了者・就職者の割合，訓練時の満足度などの代理指標を用いて貨幣価値換算
  ソーシャル・インパクト・レポート

（出所）　筆者作成。

投資額に対して 2.49 ポンドの社会的成果を生み出したとしている。これは，職業訓練の修了者・就職者の割合，訓練時の満足度などの代理指標を用いて貨幣価値換算をしている。

3. 社会的投資収益率

社会的投資収益率，SROI という表現を見て分かるように，これはビジネスの社会やキャピタルマーケットで使われている ROI や ROE という表現と酷似している。これは当然なことで，株式会社の株主価値経営や株式市場における機関投資家の投資評価の発展の中で，NPO や社会的企業が誕生して

いるということである。したがってNPOや社会的企業の発展しているイギリスではこうした株式会社的評価を踏まえた評価指標が当たり前のこととして登場してくるのである。

こうした評価指標の功罪については、次節で詳しく検討するが、まずは、この指標そのものの理解について深めていこう。

SROI分析においては、その前提として、次の原則を示すことになっている。

① ステークホルダーの関与、② 変化に対しての理解、③ 重要な物事を価値づける、④ 重要な物事のみを評価の対象とする、⑤ 過剰な主張をしない、⑥ 透明性の担保、⑦ 結果の検証、である。

そして分析の実施においては、① 分析の範囲と考慮すべきステークホルダーを決める、② インパクト・マップなどにより、アウトカム・事業の成果を洗い出す、③ 成果を換算するための根拠資料を集める、④ インパクト

図表7-5　SROIとは何か

SROI（社会的投資収益率）
＝貨幣価値換算された社会的価値÷投入された費用

ステークホルダー	インプット（費用）・アウトプット（活動）	アウトカム	貨幣価値化	インパクト
閉じこもり中高年者（対象人数：1人）	農業ボランティア経験機会提供：50万円	【本人】対人関係構築スキル向上によって自信回復を実現し、就業機会を獲得	本人が就業機会を得ることにより新たに年間100万円の資金を獲得	合計320万円
		【本人】外出機会の増加によって身体状態を向上し、通院回数が減少	本人の健康状態の改善による医療コスト年間10万円の削減	
		【本人】外出機会と対人対話機会の獲得によって孤独感が低下	（外部の料理教室等の場づくりサービスと同等の効果が生じたとして）5万円の価値	
		【農家】ボランティア受け入れによる農業者採用コストの減少	一人当たり採用コスト5万円の削減	
		【農家】ボランティア受け入れによって従業者が増加し、生産量が増加	生産量の拡大による200万円の売上拡大（賃金として本人に支払った100万円を除く）	

上図は、「閉じこもり中高年者」支援を例としたインパクトマップである。実際には、登場するステークホルダーごとにこのような整理を行う。

SROI＝320万円÷50万円＝6.4

（出所）　山口高弘他（2012）「ソーシャルイノベーションの加速に向けたSROIとSIBのススメ」『NRIパブリックマネジメントレビュー』Vol.103。

を算出する，⑤ SROI 値を算出する，⑥ 報告する，である。

4. 今日的課題―NPO 先進国の悩み

　イギリス NPO の今日的課題は何かと言えば，それは過剰な国・地方公共団体と NPO の相互依存関係だと思われる。

　国・地方公共団体などの公共セクターは，公共サービスの硬直化と財政負担の重圧から NPO を補完的存在として位置づけ，両者は協力関係を維持してきた。

　しかしその結果として，NPO はミッションの理念や財政の自立化の意識が希薄化し，公共サービスの補完的役割の地位に甘んじる存在になってしまった。自ら公共サービスの本質を問うことなく，また事業の理念を考えることなく，下請け的存在になってしまったのである。

　また NPO も寄付を募り，会員を増やして，きめ細かい公共サービスを展開するはずが，補助金を獲得して組織を維持するために，事業を展開する存在に成り下がってしまったのである。

　今後は良好な相互依存関係を維持しながら，自立した独自の，しかもきめ細かい公共サービスを展開できるかが，大きな課題だと言える。

　イギリス NPO の今日的課題の次は何かと言えば，SROI の問題である。SROI は，確かに投資効率を見る上で大きな成果をもたらすと思われる。多額の税金を投じながら，たいした成果も上げられない公共セクターのサービスには，多くの国民や住民がうんざりしているのは，日本もイギリスも同じである。NPO に代替してもらって，サービスの成果を上げてもらえれば，これに越したことはない。

　しかし NPO と言えどもいずれはマンネリ化してきめ細かいサービスや効率的なサービス提供が出来なくなるかもしれない。その時に，この SROI は大きな力を発揮する。貴重な寄付金や会費が，公共サービスに投下され，それが効率的に運用されてしかも大きな成果を上げる。これを見るのに，SROI は適切な計算方法だと思われる。

しかし，NPO が ROE や ROI という株主価値経営の呪縛から解き放たれ，排除の論理を乗り越えて，やっと参加の論理を確立したと思ったら，たとえ資本性と効率性は違うとはいえ，また再び効率性という排除の論理を甘んじて受け入れられねばならないのかという問題である。

　NPO が定着し，SROI によって効率性が心掛けられ，そして参加の論理が貫かれれば，これに越したことはない。しかし，効率性と参加の論理とを共存させることは，そう簡単なことではない。

　先進的な高い位置を獲得したイギリス NPO であるが，この一見矛盾したものを統一的に解決していかねばならない，困難な問題に直面しているのである。

（坂本恒夫）

第 8 章

韓国の NPO

1. 韓国の NPO と周辺概念

　NPO（非営利組織）はその形態やあり方，発展過程が多様であるため概念規定が容易ではなく，韓国においてもそれは同様である。最も広い意味では「非営利組織」という呼び名の意味する通り，営利を目的とせず，したがって所有者や利害関係者の利潤追求が主たる目的である企業とは異なる存在として認識されており，また，個人ではなく特定目的のために集まった組織として捉えられている。

　韓国 NPO 共同会議が発行した「政府の非営利民間団体支援白書」においては，先行研究を検討したうえで非営利組織と類似した概念として，非営利民間団体，非営利法人，公益法人，市民団体，市民社会団体，市民運動団体，官辺団体が提示されている。まずは，これらの概念を整理することとする。

(1) 非営利民間団体

　韓国においては，2000年に施行された「非営利民間団体支援法」を根拠とした登録制の「非営利民間団体」が存在する。法律第1条では「非営利民間団体の自発的な活動を保障し健全な成長を支援することにより非営利民間団体の公益活動の増進と民主社会発展に寄与すること」が目的として示されている。そして，法律第2条では非営利民間団体とは営利ではない公益活動を行うことを主たる目的とする民間団体であるとして次の6つの要件が規定

されている。
　①事業の直接の受益者が不特定多数であること
　②構成員の相互間で利益分配をしないこと
　③特定の政党または候補を支持，支援することを主たる目的として，もしくは特定宗教の教理伝播を主たる目的として設立，運営しないこと
　④常時，構成員の数が100人以上であること
　⑤最近1年以上公益活動の実績があること
　⑥法人ではない団体の場合，代表者または管理人がいること

　これら要件を満たした団体は，非営利民間団体として関連政府省庁または地方政府に登録することができ，登録されると安全行政部が主管する「非営利民間団体公益活動支援事業」を始めとする各種公募事業への応募で補助金などの財政支援が受けられるようになっている。財政支援を得るためには公益事業選定委員会に事業計画書を提出しなければならない。提出された事業計画書につき同委員会が事業の独創性と経済性，波及効果等を審査し事業を選定し，支援金額を決定する。

　また，非営利民間団体として登録されると租税特例制限法および租税に関する他の法令により租税減免を受けることができるほか，郵便料金の一部が減免されるなどの支援を受けることができる。

　なお，公益を追及する非営利組織を支援しようというこの法律は，日本の非営利活動促進法に成立時期や内容が似ており，非営利民間団体というと日本でいうNPO法人に近い概念といえる。ただ，先に示した通り登録制の支援制度であり，日本のように法人格を与えるものではない。また，活動分野があらかじめ法律により定められておらず，毎年，政府や地方政府が社会的需要を把握し公益事業の類型を決定することとなっているなど，日本のNPO法人との相違点もあることに留意されたい。

(2)　非営利法人

　韓国においては法人格を取得した非営利組織を「非営利法人」と呼ぶ。
　非営利法人には，1958年制定の民法32条に規定された社団法人および財

団法人，そして私立学校法や医療法，社会福祉事業法などの特別法に規定された学校法人，社会福祉法人，医療法人が含まれる。民法32条では，「学術，宗教，慈善，技芸，社交など，営利でない事業を目的とする社団または財団は主務官庁の許可を得てこれを法人とすることができる」と規定されており，このように非営利分野が例示され，許可主義により法人格の付与が決定される[1]。

これらの非営利法人は公益を追及するNPOの1類型として主に税制上の優遇措置を受けることができる。また，上述の根拠法に加えて，国税基本法13条の認定を受ける団体も例外的に非営利法人として租税上の優遇を受けることができる。国税庁が一般的に認定している非営利法人には，私立学校，大学校，大規模病院に加えて，各種文化・余暇組織，研究所，宗教団体，専門職・学術団体，財団や教会として設立された社会福祉サービス提供組織などを挙げることができる。

このように民法や特別法を根拠として許可され，または国税基本法により認定される「非営利法人」は宗教や学校，病院や教会まで含む包括的な概念であり，先に取り上げた「民間非営利団体支援法」による「民間非営利団体」よりもその範囲は広い。非営利法人という呼び名はNPO法人を連想するが，日本の「NPO法人」よりも包括範囲が広いといえよう。

(3) 公益法人

公益法人は「公益法人の設立，運営に関する法律」および「相続税および贈与税法」により定義される組織形態である。公益法人は社会一般の利益に供するために学資金，奨学金，または研究費に補助・支給，学術，慈善を目的とする財団法人や社団法人である。また「相続税法」では租税減免と関連して，公益法人とは「該当する官庁からの許可により設立された公益を追及する組織」と規定している。

このように公益法人は先に取り上げた非営利法人の下位概念であるとみることができる。具体的には次のような団体が含まれる。

①教育関連法や「私立学校法」による宗教団体や私立学校

②「社会福祉法」による社会福祉サービス組織
③「医療法」および「精神保健法」による病院
④「公益法人の設立，運営に関する法律」による団体
⑤文化芸術組織
⑥公衆保健および環境保護に顕著に寄与する組織
⑦公園その他公衆が無料で利用する施設を運営する団体
⑧その他公益法人として指定された団体

　これら公益法人は相続税及び贈与税，法人税，財産税などと関連して特別の減免措置を受けることができる。関連して，会計書類や事業計画書などの書類を国税庁に提出する義務を有することになる。

(4)　その他の NPO 類似概念
　①　市民団体

　韓国においては非政府的活動に参与する自発的組織を「市民団体」と呼んでいる。政府の役割を代理するというよりは市民社会の意思を代弁する「市民の声」としての性格が強い。市民社会団体，文化芸術団体，宗教系社会団体，社会サービス団体などが含まれ，国家への依存度が高い教育財団や医療財団は除外される。

　②　市民社会団体

　韓国においては公益を追及する代弁的非政府組織を称して「市民社会団体」と呼ぶ場合が多い。民主化団体や，消費者・生活団体，女性団体，青年団体，法・行政・政治改革関連団体，人権団体，平和・統一・民族団体，環境団体，地域社会団体，貧民団体，労働・農漁民団体，国際救護団体など，理念に基づき公益的問題を扱う組織をいう。いわゆる NGO[2] であり，NPO の重要な一部分といえる。

　③　市民運動団体

　市民運動団体は 1980 年代中盤から 90 年にかけて，経済，政治，社会的正義を実現することを目的とする団体として，主に代弁的領域で活動するアクティブな団体を指すとされる。

④ 官辺団体

国家と緊密な協調関係を維持しながら，政府からの委任業務を主活動とする準公共的組織を官辺団体と呼ぶことがある。これら団体は政府に対する財政依存度が高いため政府からの間接的な影響を受けやすいと考えられる。

2. 韓国のNPOの歴史と現況

(1) 韓国NPOの歴史的背景

韓国においてNPOが市民社会において重要な存在として登場したのは1980年代中盤以降である。背景にはNPO活発化の世界的な流れに加えて韓国の歴史的，政治的な特殊事情がある。

それまで韓国は官僚主義的で中央集権的な絶対王権国家と日本による植民地時代を経てきたため，歴史的には国家と市民社会という二元的区分を経験してこなかった。また，1970年代の権威主義政権は市民社会領域の成長と拡大を根本的に制約してきた。成長志向の輸出主導型産業戦略を採択したと同時に民衆と労働部門を含めた市民社会団体を抑圧してきた歴史がある。

しかし，1980年代の全斗煥政権の軍部統治末期を迎えながら民衆部門の知識人，学生組織の力が急伸した。ここに当時の与党，盧泰愚大統領候補のいわゆる「6.29民主化宣言」が出され，民主化に対する要求が噴出し始めた。それは制限的で不完全なものであったとはいえ，政治的民主化措置によって市民社会の力は向上し始め，様々な形態のダイナミックな社会運動が展開され始めた。

政治的な民主化過程と同時進行的に，市民社会領域の理念的・地域主義的分化，環境保全，男女平等などの多様な社会的問題に対する公益市民団体などの設立が急増した。

その後，金泳三政権の登場は政治的空間の拡大と市民社会の影響力を同時に拡大させた。この時から変革的で階級志向的な民衆運動が衰退し始め，脱理念的・超階級志向的な市民運動が細分化され始めた。国家政策の監視者，批判者として，また，政策代案者としての多様な公益団体が出現し始めてい

る。

　一方，地方自治の拡大によって，階級的・理念的問題よりも特殊な利害や地域的な問題に関心が集中されることになり，これに従い問題の地域化が促進された。例えば，中央政府の核廃棄物処理場選定問題と関連した地域紛争やごみ処理場を取り巻く地域住民と地域政府とのニムビ（NIMBI, Not In My Back Yard）現象[3]，労使間対立，また漢方医と薬剤師間の利益団体間葛藤の尖鋭化現象などを通して問題の多元化がなされたばかりでなく市民社会の組織空間が拡張された。特に，1994年の「市民団体登録に関する法律」の廃止と「市民団体申告に関する法律」の制定は排他的な統制メカニズムから脱却し，自律的な市民社会の発展のための制度的装置としての役割を果たし始めた。

　1980年代中盤以降の韓国社会の変化とともにNPOの活動も大きな変化を遂げた。すなわち，韓国社会は民主化の進展と社会経済的分化現象によりそれまでよりも市民社会の活動が増大された。特に1987年の6月民衆抗争以降，急激に成長した市民社会とNPOは利益団体の発達とともに，民主化をはじめとした様々な社会問題に対する活動の範囲を広げながら社会の中心勢力として台頭することとなった。

　1989年7月に設立された経済正義実践市民連合（経実連）や環境運動連合，参与連帯など韓国の主要NPOは1992年のリオ環境会議，93年のウィーン人権会議，94年のカイロ人口会議，95年のコペンハーゲン社会開発サミット，北京世界女性会議，イースタンプール世界住宅会議，2002年の持続可能な開発に関する世界首脳会議（WSSD）などの国際会議に参席し地球的な問題のみならず，国内問題に対する意見提示などの積極的な活動を行った。

　金大中政権以降，NPOはさらに成長の様相を示した。金大中大統領は非営利活動に対して多大な関心を注ぎ，2000年には非営利民間団体支援法を国会に通過させた。その後の盧武鉉政権はさらに市民社会団体と親和的であった。盧武鉉大統領は大統領職引継ぎ委員会に国民参与センターを設置し，さらには青瓦台秘書室に国民参与主席室を設置するなど，市民社会団体

からの世論収集に非常に積極的であった。金大中，盧武鉉政権の10年間で，市民社会団体が政策に大きな影響を及ぼすほど発展するようになり，社会運動の主体としてNPOは単なる社会運動の次元を超え，政府との政策的なパートナーにまで発展することとなった。

1940年代から2000年代初頭までの市民社会団体の推移を示した図表8-1によると，市民社会団体の爆発的増加は1980年代中盤以降に急速に表れ，特に1990年代以降，市民社会団体の63.6％が設立され量的に急成長する趨勢を読み取ることができる。2000年代以降も市民社会団体は設立が持続的に増加しており，特に地域自治や環境分野での市民社会団体が顕著な増加傾向を示している。

図表8-1　韓国の市民社会団体の年代別推移

	市民社会	地域自治貧困	社会サービス	環境	文化	教育学術	宗教	労働	経済	国際	全体
1940-49	2.02	0	1.83	0.56	0.77	8	2.5	2.43	0	0	1.78
1950-59	1.79	0	13.3	0	2.81	0.8	0	3.64	0	5.13	5.59
1960-69	4.26	0.48	7.42	0.56	7.93	4.8	12.5	8.5	16.7	10.3	5.73
1970-79	6.61	0.48	4.83	2.53	5.88	3.2	16.3	12.2	0	15.4	5.73
1980-89	15.1	7.69	22.1	5.62	18.16	25.6	25	21.5	0	20.5	17.5
1990-99	53	69.7	40.7	66	51.15	47.2	37.5	40.9	66.7	43.6	49.4
2000	7.06	8.65	5.83	11.8	4.86	1.6	2.5	3.24	0	2.56	6.35
2001	6.73	5.29	3.25	8.71	4.86	4	3.75	3.64	16.7	0	5.02
2002	3.36	7.69	0.83	4.21	3.58	4.8	0	4.05	0	2.56	2.88

（原出所）　市民の新聞社「2003民間団体総覧」，「韓国市民社会年間2003」。
（出所）　NGO学会『学会誌創刊号』。

(2)　韓国のNPOの現況

2000年の非営利民間団体支援法施行以降，同法律に基づくNPOの登録数は増加の一途をたどっている。2000年に2,524団体であった民間非営利団体は毎年約600～900団体ずつ増加し2011年には1万団体を突破，2015年には1万2,894団体に成長した（図表8-2）。中央行政機関への登録は概ね1割

図表 8-2 韓国の民間非営利団体の推移

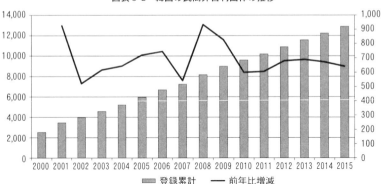

（出所）韓国統計庁国家指標体系ホームページより作成。（URL：http://www.index.go.kr/potal/main/PotalMain.do）。

図表 8-3 韓国の民間非営利団体の推移（登録区分別）

		2000	2001	2002	2003	2004	2005	2006	2007	2008	2009	2010	2011	2012	2013	2014	2015
登録累計		2,524	3,451	3,972	4,588	5,232	5,953	6,699	7,241	8,175	9,003	9,603	10,209	10,889	11,579	12,252	12,894
区分	中央行政機関	292	372	428	480	555	663	743	790	845	981	1,092	1,189	1,319	1,413	1,494	1,561
	市・道	2,232	3,079	3,544	4,108	4,677	5,290	5,956	6,451	7,330	8,022	8,511	9,020	9,570	10,166	10,758	11,333

（出所）韓国統計庁国家指標体系ホームページより作成。（URL：http://www.index.go.kr/potal/main/PotalMain.do）。

強，市や道などの地方政府への登録が9割弱となっている（図表8-3）。

　韓国民間団体総覧の調査によると，民間非営利団体の活動領域は，医療や保険，障がい者や高齢者を対象とした福祉事業を行う団体が最も多く全体の20％を占めている（図表8-4）。次いで，環境保護や環境に関わる政策提案，教育や研究，啓蒙といった環境に関わる活動を行う団体が12.6％，政治や行政，経済，科学技術，地域自治，意識啓蒙などの政治・経済事業を行う団体が10.7％，児童や青少年，青年に関わる事業が9.3％，ボランティア事業が8％，女性問題を扱う団体が6.6％，さらに教育・研究事業，平和・統一事業，文化・体育事業，都市問題や家庭問題，労働者問題や貧困問題などへと続いている。

平和・統一事業に関わる活動は，民族，国家の分断という歴史的，政治的問題に立ち向かう市民たちのアクションということで韓国固有の特徴を有している。次節で取り上げる韓国発祥の国際救護開発 NGO 組織であるグッドネイバーズは，対北支援活動を継続的に行ってきている。また，国際連帯のうちの在外同胞，特に在日朝鮮人に関わる活動も日本による植民地支配という過去から現在に至る歴史問題との関連で固有の特徴を有しているといえよう。例えば，日本で大ヒットし韓流ブームの火付け役となったドラマ「冬の

図表 8-4　韓国民間団体総覧による民間団体分類

大分類	小分類	該当団体数	比率
環境	監視・政策提案，環境保護，教育・研究・啓蒙	955	12.6%
人権	人権一般，追悼事業	218	2.9%
平和・統一	平和，統一・民族	318	4.2%
女性		503	6.6%
権力監視	権力監視一般，行政府・国会・司法，企業・言論	104	1.4%
政治・経済	政治・行政，経済，科学技術，地域自治，意識啓蒙	811	10.7%
教育・研究	教育，研究	342	4.5%
文化・体育	芸術，文化，体育，その他文化	302	4.0%
福祉	福祉一般，医療・保険，障がい者，高齢者，その他福祉	1,511	20.0%
青年・児童	青年，青少年，児童	703	9.3%
消費者権利		69	0.9%
都市・家庭	都市一般，交通，住宅，家庭	256	3.4%
労働・貧困	労働，農漁民，貧困	243	3.2%
外国人	外国人福祉，労働者，多文化	105	1.4%
募金		30	0.4%
ボランティア		609	8.0%
国際連帯	国際援助，国際協力，在外同胞	119	1.6%
代替社会	共同体，生協，教育・研究・啓蒙	116	1.5%
オンライン活動		102	1.3%
その他		154	2.0%
合計		7,570	100.0%

（出所）『2010 年政府の非営利民間団体支援白書』。

ソナタ」にも出演していた俳優, クォンヘヒョ氏が代表を務める非営利民間団体「朝鮮学校と共にする人々 モンダンヨンピル」は, 在日同胞子女のための民族学校である朝鮮学校を支援しその存在を広く社会に知らしめるための活動を行っている。

公益法人の形態をとるNPOの活動も拡大している。90年代初頭から約20年間の公益法人の推移を示した図表8-5によると, 公益法人の数も90年代以降継続的に拡大しており, 特に2000年代以降に爆発的に増加してい

図表8-5 韓国の公益法人の推移

	計	活動区分						
		教育事業	学術・奨学・慈善	社会福祉	医療	宗教普及	芸術文化	その他
1991年度	3,790	1,070	785	641	125	180		87
1992年度	3,920	1,070	854	653	138	189		103
1993年度	3,995	1,077	849	656	146	197		129
1994年度	4,230	1,058	953	703	176	187		170
1995年度	4,461	1,055	1,046	768	197	205		200
1996年度	4,624	1,079	1,114	808	237	215		233
1997年度	5,269	1,101	1,157	907	261	195		291
1998年度	5,221	1,181	1,204	872	276	189		290
1999年度	5,486	1,096	1,200	906	264	220		345
2000年度	5,773	979	1,160	792	227	207		432
2001年度	11,063	1,727	1,826	1,972	382	3,810	351	995
2002年度	10,987	1,531	1,862	1,962	380	3,890	365	997
2003年度	11,177	1,512	1,896	1,970	377	3,881	367	1,174
2004年度	17,812	1,685	2,333	2,129	457	8,561	391	2,256
2005年度	26,517	1,749	2,732	2,505	452	16,414	451	2,214
2006年度	27,500	1,858	2,837	2,617	478	17,135	493	2,082
2007年度	27,793	1,751	2,937	2,692	495	17,591	561	1,766
2008年度	27,811	1,745	2,960	2,693	572	17,586	572	1,752
2009年度	28,905	1,749	3,163	2,830	610	17,958	673	1,922

(出所) 『2010年政府の非営利民間団体支援白書』。

る。大部分を占める宗教関連の公益法人を除いたとしてもその増加は著しく，約20年間で3倍に成長している。

以上のように，2000年代には様々な形態のNPOが量的に拡大し，先に述べた通りNPOが市民運動の主体として，様々な分野で重要な役割を果たすようになったといえる。

3. 韓国のNPO事例：グッドネイバーズ

グッドネイバーズは1991年に韓国で設立され，韓国の非営利団体としては初めて国連経済社会理事会の総合諮問資格を付与された国際的NGO組織である。設立から25年を迎えた現在，後援会員数は38万2,739人を数え，年間予算は170億円弱の巨大な事業へと発展した韓国有数のNPOである。

韓国国内，朝鮮半島全体，および海外で，「飢えのない世界，共に暮らす世界」をつくるために専門的な社会福祉事業と国際開発協力事業を活発に繰り広げている。韓国内に11個の市道本部を含めた52個の支部，108個の事業所を通して専門福祉事業を行い，また，海外34か国188個の事業所で持続可能な開発のため適正技術を普及し所得増大事業やソーシャルビジネス開発など，地域の自立度を高めるための海外救護開発事業を行っている。

事業内容は，大きく国内福祉，海外救護開発，社会開発教育，対北支援，緊急救護，海外ボランティアに分けられる（図表8-6）。そして，国内には児童保護専門機関や児童虐待予防センター，虐待被害児童グループホーム，

図表8-6 事業内容

国内福祉事業	海外救護開発事業	社会開発教育事業
・虐待被害児童保護および予防 ・貧困家庭児童支援事業 ・心理情緒支援事業 ・児童相談・保護事業 ・地域社会福祉事業	・教育保護事業 ・保健医療事業 ・飲料水衛星事業 ・所得増大事業 ・権利擁護事業 ・国際社会パートナーシップ構築事業	・児童権利教育事業 ・分かち合い人格教育事業 ・社会開発教育ネットワーク
対北支援事業	緊急救護事業	海外ボランティア事業

（出所）　グッドネイバーズホームページより作成。

地域児童センター，分かち合い人格教育センターなど多数の施設も運営している（図表 8-7）。

図表 8-7　国内施設

施設名	個数	施設名	個数
児童保護専門機関	27	子供の家	3
児童虐待予防センター	1	家庭委託支援センター	1
虐待被害児童グループホーム	18	児童福祉センター	1
地域児童センター	16	PTSD 心理治癒センター	1
分かち合い人格教育センター	13	障がい者週間保護センター	1
良い心センター	20	女性の仕事センター	1
総合社会福祉館	4	試み支援団	1

（出所）　グッドネイバーズホームページより作成。

　年次報告書に記載された 2015 年度決算によると年間の収入は 168 億円に上り，そのうち会費収入が 61.7％を占めている。会費収入は約 38 万人の後援会員によって支えられている。グッドネイバーズでは，事業内容ごとに後援者を募っており，後援者は自身の目的に従って参加ができる。また後援方法も一時的なものから定期的なものまで，支払い方法もクレジットカードでの定期引き落としから現金支払いまで，多数用意している。税金の所得控除や会員への情報開示などの配慮も徹底しており，ここに会員拡大，会費拡大の要因があると考えられる。

　総予算 168 億円のうち 36.2％が国内事業へ 46.8％が海外事業へ充てられており，残り 17％がその他の活動へあてられている。

　非常に多岐にわたる活動を行っているためいくつかの事業内容を例示することとする。例えば，国内事業の中心事業として虐待被害児童保護および予防事業がある。2015 年度年次報告書では，この事業により 1 万 6,844 名の児童を支援し，1 万 5,715 名の児童の心理情緒を支援，9,642 名の危機家庭の児童を支援，2,248 名の施設児童を支援，地域社会福祉として 6 万 6,594 名を支援しており，また，そのために 1 万 5,977 名のボランティアが参加したこ

とが報告されている。

海外事業では，2015年4月に起きたネパール大地震のために緊急救護活動を行っている。震源地のコルカ地域では最も早く救護物品を配分し，専門医療チームを派遣し医療救護活動を行った。また，被害児童の心理情緒的安定を支援するため子供に優しい空間作りやPTSD治療プログラムを運営している。日本円に換算して約1億4,000万円規模の支援を通じて19万795名の児童および地域住民たちに支援を伝達することができたと報告されている。

予算規模は相対的に小さいとはいえ，朝鮮半島情勢が緊張し南北関係が悪

図表8-8　グッドネイバーズの2015年決算

(収入)

	金額（単位：円）	比率
会費	10,361,214,986	61.7%
寄付金・後援金	1,265,113,300	7.5%
寄付物品	866,386,800	5.2%
補助金	3,734,645,009	22.2%
事業収入	335,098,602	2.0%
その他収入	234,219,051	1.4%
総計	16,796,677,747	100.0%

(支出)

	金額（単位：円）	比率
国内事業	6,088,551,964	36.2%
海外事業	7,857,947,838	46.8%
対北支援事業	147,994,281	0.9%
調査研究事業	185,012,878	1.1%
キャンペーン事業	473,041,411	2.8%
会員福祉事業	530,694,806	3.2%
行政費およびその他	496,575,453	3.0%
資産および施設設置	464,982,049	2.8%
次年度準備金	551,877,068	3.3%
総計	16,796,677,747	100.0%

(注)　1ウォン＝0.1円のレートで日本円に換算。
(出所)　グッドネイバーズ年次報告書。

化するなかでも対北支援を継続して行っていることも特筆すべきである。グッドネイバーズでは1995年から対北支援事業を始め，25の施設で児童保護支援事業や保健医療支援事業，農畜産開発事業など地域住民，児童たちの健康と生活向上に力を注いできた。政治情勢が極度に悪化した2015年においても，グッドネイバーズアメリカを通じて医薬品や粉ミルク，肥料などの物品を4回にわたって伝達している。国レベルの政治対立が激化し外交関係が硬直化する中で継続的に行われる民間支援，民間交流は朝鮮半島の平和実現のために大きな意味も持つものと考えられる。

2016年4月14日と16日に震度7の巨大地震が熊本，大分地域を襲った。グッドネイバーズの日本支部であるNPO法人グッドネイバーズ・ジャパン（2004年開設）は18日には緊急支援を決定し，すぐに緊急支援チームを現地へ派遣している。現地の状況把握を急ぎつつ，復興支援の募金の受付など支援活動を開始している。

4. NPOからソーシャルビジネスへ

韓国においても伝統的な非営利組織が事業を通して収益を創出する方向での発展がみられ，また伝統的企業が経済的創出ばかりでなく社会的責任を重視したりあるいは社会的問題解決を事業の目的に据える方向での発展がみられ，これらはソーシャルビジネスの領域の拡大と認識することができる。

韓国におけるソーシャルビジネス発展の契機は1997年のIMF危機であった。IMF危機は韓国経済へ多大なダメージを与えたが特に雇用への影響は甚大であった。政府は公共勤労や自活支援などの政府財政支援を行い雇用の増大を図ったが，これは一時的な雇用拡大の効果を発揮したとはいえ，安定的な雇用へとはつながらなかった。

2000年代に入ると韓国経済は低成長，低雇用が定着，構造化し，人口の面でも低出産，少子化，高齢化の構造変化が起こり始めた。このような状況下で，コミュニティの様々なニーズに適合した社会サービスを拡充して，また社会的弱者階層の安定的職場を提供するばかりでなく，地域の人的，物的

資源を活用しながら福祉と雇用，経済活性化を繋げようとする活動が盛んになり，NPOや企業がその担い手となった。

政策的にも欧州諸国の社会的企業制度導入と関連した議論が本格化し，NPOや第3セクターを活用した安定的な雇用の創出，量と質を兼ね備えた社会サービスの提供モデルとして社会的企業の育成や役割持続の必要性が認識されるようになった。

2007年7月には「社会的企業育成法」が施行され，社会的企業の認証制度がスタートした。2010年には社会的企業育成および振興に関する業務を遂行するため，社会的企業振興院が設立された。

社会的企業育成法では，社会的企業を社会的弱者階級に社会サービスもしくは仕事を提供し地域住民の生活の質を向上させることなどの社会的目的を追求しながら財貨またはサービスを生産，販売するなど営業活動をする企業であり，雇用労働部長官の認証を受けた機関と定義している。

社会的企業振興院のWEBサイトによれば，2016年4月現在1,526社が社

図表8-9　韓国の社会的企業類型と事例

類型	内容	事例
職場提供型	社会的弱者に仕事を提供する	ハンピッ芸術団：音楽芸術分野の視覚障がい者の専門能力を活かした職の創出，文化コンテンツの開発
社会サービス提供型	社会的弱者に社会サービスを提供する	ヒューマンケア：老人や障がい者のニーズに配慮しかつ職員の勤務条件の改善のために努力することで地域内の質の高い社会サービスを提供
地域社会貢献型	地域社会に貢献	ホンソンプルムナヌミ営農組合法人：プルム学校を中心に都市と農村の交流事業や生産加工活動への女性の活用などを通して，農産物の質向上と職の創出，生産消費者の共同体を形成
混合型	社会的弱者への職場提供と社会サービス提供の混合	幸福弁当：欠食の地域住民たちに無料で弁当を配達し，同時に弱者階層には調理や配送の過程に参加してもらうことで職を提供
その他型	社会的目的の実現可否を計量化して判断することが困難な場合	トラベラーズマップ：「旅行者には最高の機会・地域には最善の寄与・環境には最小の影響」をコンセプトに国内外の持続可能な旅行商品を開発販売

（出所）　社会的企業振興院Webサイト（http://www.socialenterprise.or.kr/index.do）。

会的企業として認証を受けている。社会的企業として認証を受けた組織は申請と審査を経て，一定期間の人件費保障や保険料の一部の支援，また専門スタッフの派遣などの支援を受けることができる。

　社会的企業育成法第 2 条によると，社会目的によって社会的企業を 5 つに分類しており，社会的企業振興院の WEB サイトでは，類型ごとに事例を提示しており，一部を図表 8-9 に紹介して結びとしたい。

（趙　　丹）

(注)
1　なお，2004 年以降，非営利法人の規定を許可主義から認可主義もしくは準則主義に緩和する方向で政府レベルの議論が行われている。ただし，2004 年と 2011 年に民法改正案が国会に提出されるも任期満了で法案が廃棄され，成立には至らなかった。
2　なお，本章では NGO を NPO と同一の概念として扱う。
3　ニムビ（NIMBI）現象とは，「Not In My Back Yard（私の裏庭にはやめて）」の頭文字をとった造語であり，「ここではなく他に設置しろ」という意味。

(参考文献)
(韓国語)
［ 1 ］　굿네이버스 2015 연차보고서.
［ 2 ］　한국 NPO 공동회의《정부의 비영리민간단체지원백서 2010》.
［ 3 ］　한국 NGO 학회학회지창간호.
［ 4 ］　정백《한국과 일본의 시민사회와 시민운동의 비교》.
［ 5 ］　미우라 히로키〈시민섹터 관련 법인도의 재편성에 관한 한중일 비교연구〉,《아태연구 제 21 권 제 2 호 (2014)》.

(和書)
［ 1 ］　山内直人・田中敬文・奥山直子編『世界の市民社会 2014』NPO 研究情報センター.

第3部

NPOからソーシャルビジネスへ

第 9 章

ソーシャルビジネスとは何か

　本章では，ソーシャルビジネス誕生の背景を解説した上で，ソーシャルビジネスの現状とマネジメントについて考察する。

1. ソーシャルビジネスの特徴

(1) ソーシャル・アントレプレナーの出現

　ソーシャルビジネスの領域は，社会的課題に対して果敢に立ち向かうソーシャル・アントレプレナー（Social Entrepreneur：社会起業家）たちによって，新たな社会を創造し経済的自立性と事業の継続性を実践するビジネスの仕組みが考えられてきた。この概念が普及する先駆けとなったのが 1991 年 1 月に英国で出版された「The Rise of the Social Entrepreneur」と呼ばれるレポートである。

　英国では 1979 年からサッチャー政権が，英国病と呼ばれ活力を失っていた状況に対し，福祉国家から規制緩和など社会保障と行政財政の改革を進めてきたが，その結果として社会に収入格差が広がり，教育や就労の機会を持つことが難しい人々がその悪循環から抜け出せず，社会から排除される状況が広がった。これに対しその後ブレア政権は，公的部門と民間部門のパートナーシップを推進し，国家主導の福祉からコミュニティが活動しやすい環境を整備するといった変革を打ち出した。そこでは地域での新たなサービスと雇用創造の担い手であるソーシャル・アントレプレナーが，停滞した社会を活性化する存在として注目されるようになった。

ソーシャル・アントレプレナーは地球規模の課題や，地域社会が抱える課題に対し「社会をよくしよう」という強い意志をもってNPO，企業，行政など様々な組織形態を通して継続的な活動を行い，同時に働く人々に自己実現の場を提供している。ソーシャル・アントレプレナーは，ソーシャルとアントレプレナーシップを融合させた新しい社会問題解決のあり方として，新しいビジネスのスタイルを創りだしている。既存の制度や仕組みでは解決できないような社会的な問題に対し，既存の壁を超え新たな仕組みを創造するために，従来のビジネス手法を積極的に採り入れて，問題を解決しようとするのが特徴である。このように社会的な課題をミッションとして位置づけ，その解決のために，経済的なリターンと社会的リターンの両面を追求する持続的な活動をソーシャルビジネス (Social Business) と呼んでいる。

図表9-1は，ソーシャルビジネスと行政，NPO，企業との特徴的な相違

図表9-1 行政，NPO，ソーシャルビジネス，企業の特徴

	行政	NPO	ソーシャルビジネス	企業
目的	安全・安定・利便性の実現	ミッション実現	ミッション実現	自己利益
提供するもの	公共財	公共財・準公共財	公共財・準公共財・私的財	私的財
ガバナンス	公平性・倫理性	社会性	社会性・経済的効率性	経済的効率性
受益者と資金提供者の関係	相違	相違	相違	同一
価格	無料	無料または廉価	廉価または市場価格	市場価格
資金供給者	国民	行政・寄付者	行政・寄付者	株主
求められる活動	長期的安定	長期的社会的価値創出	長期的社会的価値創出	短期的利益追求
組織特徴	硬直的官僚制	柔軟性	柔軟性・機動力	官僚制・機動力
社会的イノベーション志向	なし	中	大	小〜大
スピード感	低い	低い	高い	高い

(出所) 谷口・田尾 (2002) をもとに筆者が加筆修正。

を示したものである。

このようにソーシャルビジネスは，社会的課題を解決するというミッションの実現を目的とし，社会的イノベーション志向が高いことを特徴とするが，企業同様にスピード感のある経営を実現することで経済的な自立を目指し，長期的な視野をもって社会的課題の解決のための仕組みを持続的に創造するのが特徴である。

(2) ソーシャルビジネス出現の背景

先進諸国を中心に，時代の要請としてソーシャルビジネスが期待されるようになった背景として，福祉国家の破綻，政府の失敗，市場の失敗，NPOの失敗があげられる[1]。

① 福祉国家の破綻

英国に代表される「ゆりかごから墓場まで」を理想としたマクロ公共政策と社会保障制度，税金による社会サービスの提供に支えられた従来型の社会福祉システムでは，長期失業，家庭崩壊，教育の質といった現代社会の諸々の問題に対応できなくなった。福祉国家は官僚による保護・管理を原則としており，個人の多様なニーズは無視せざるを得ない部分がある。このためにサービス供給システムに非効率が生じることになる。各国が福祉政策のスリム化を進める中で，問題解決型・アクティブな社会福祉システムが求められるようになった。

② 政府の失敗

経済的非効率性による政府の失敗として，1) 独占供給と画一供給による非効率性，2) プリンシパル・エージェント問題があげられる。

1) 独占供給と画一供給による非効率性

公的セクターは独占供給，画一供給を特徴とする。公的セクター以外の産業が利益を生むような市場が成立しておらず，政党や官僚と係わりのある特定の団体により独占的に供給されるなど，独占供給による非効率状態を作りだしている。また，画一供給により，ニーズへの不適応による過剰供給や過小供給が発生するために，資源分配には非効率性が生じることになる。

2) プリンシパル・エージェント問題

政府機構と住民，官僚機構と住民にはプリンシパル（principal 依頼人）とエージェント（agent 代理人）の関係が成立している。そこには情報の非対称性と情報を獲得するための取引費用が存在する。エージェントはプリンシパルの利益のために労務の実施を委任されているのにも関わらず，プリンシパルはエージェントのコントロールができず，エージェントが個人の利潤最大化行動をとったときには，大きな損失が生じてしまうリスクがある。

官僚組織の肥大化・硬直化により，財政赤字の慢性赤字や公共サービスの非効率性など「政府の失敗」が顕在化するようになると，これらは「大きな政府」であることの構造的限界を示すものであると捉えられるようになり，1980年代のサッチャー政権やレーガン政権の誕生以降，各国において「小さな政府」の実現が目指されるようになった。その流れの中で規制緩和の促進，公的サービスの民営化，民間への業務委託などが促進されてきた。

③ 市場の失敗

市場は「神のみえざる手」が作用し，資源配分がもっとも効率的に行われるとされる。しかし，そこにも市場の失敗が生じている。市場の失敗には，市場の内在的限界と市場の不完全性に由来するものがあるとされ，企業の社会的責任の欠落を起因とする市場の失敗には，1）利潤最大化行動による外部不経済，2）企業・消費者間の情報の非対称性による経済的損失があげられる。

1) 利潤最大化行動による外部不経済

企業は利潤最大化行動をとる。利益を上げることにより，企業は税金を払い，社会に対しての責任を果たしている。しかし環境に対する取り組みや，社会貢献などの社会的責任については，全ての企業で果たされているわけではなく，利益の追求による外部不経済を発生させている。

2) 情報の非対称性による経済的損失

企業と消費者の情報の非対称性は，企業にとって優位な情報のみが出力され，消費者の選考に不利な状況を生み出す可能性をはらんでいる。情報を得ようとすれば，その入手コストが必要になる。従って市場化による利潤の追

求は，社会にとって不利益な状況をつくりだしている。

このように市場経済も不完全であり，市場メカニズムが適正に機能せず非効率が生じる場合があることから「市場の失敗」と呼ばれている。

④ ボランタリーの失敗

こうした政府や市場の構造的欠陥を補うものとして，政府よりも消費者ニーズに適合する質の高いサービスを効率的に提供する主体として，NPO (Non-profit Organization) が注目されるようになった。行政と民間の隙間を埋めるものとして期待されたNPOもまた不完全である。サラモン (Lester M. Salamon) によれば，以下にあげられるようなボランタリーの失敗がボランタリズムに支えられるNPOの特性である。

1) 量的不足

ボランタリーの供給システムでは，ニーズを充足するには不安定，不十分で，活動を支えるためには十分な財源と専門的な知識・スキルを持つプロフェッショナルの人材が必要である。

2) 個別主義

ボランタリー組織の財源は，特定のグループからの寄付金に依存する傾向があることから，それらの寄付者の傾向に影響を受けて特定の人々にサービスを提供する可能性を持つ。これは，社会的にみると不経済は資源分配となる。

3) パターナリズム（家父長制的温情主義）

自発的な社会貢献活動や寄付（フィランソロピー）のアプローチでは，資源を支配するものと，貧しいものとの依存関係をつくりだしてしまう。そして，決められた配分に従っていれば，継続的な供給も可能であると思わせ，依存関係を強めることにもなっている。

4) アマチュア性

ボランティアによる供給は専門性に欠ける部分が存在し，逆に被害を拡大している場合もある。そして，専門性の欠如から適正な価格が得られず，サービスの供給を継続するために寄付金に依存することになる。

以上のようなボランタリーの特徴からも，ボランタリズムを土台とするNPOセクターには構造的限界と欠陥が存在していることがわかる。このため，経済性も重視したバランスの取れた社会的事業活動を通して，停滞した社会を活性化しようとするソーシャルビジネスが注目されるようになった。ソーシャルビジネスの分野では，公的機関，民間企業，NPO，ボランティア活動の間で広いネットワークを構築し，その中からアイデア，人材，資金を調達する新しいタイプのリーダーが期待されている。

2. 各国のソーシャルビジネス

(1) ヨーロッパ

ヨーロッパでは，フランスで1970年代に社会的経済の構想が展開され，この概念が後にEUに広まっていった。社会的経済では，アメリカ発のNPOの定義では除外される協同組合，共済組合，アソシエーションが中心となっており，現代社会の諸問題の解決主体として社会的経済に起業家精神を取り入れる試みから，1990年代後半から社会的企業という言葉が使われるようになった。この背景となったのは，特に1980年代から大規模な若年層の失業の背景にある移民やジェンダー，階層社会といった現代社会の諸問題をダイナミックに解決する必要が生じたためである。社会的弱者を社会の中の諸々の関係性の中から阻害するソーシャル・エクスクルージョン（social exclusion：社会的排除）を解消し，ソーシャル・インクルージョン（social inclusion：社会的包摂）を実現するために，市民自身が起業家精神をもって社会問題に柔軟に対応することを目的とした社会的企業に期待がされるようになった。

イギリスでは，社会的企業は「社会的な目的を主とする事業体であり，収益は株主・所有者の利潤最大化のためではなく，事業そのものとコミュニティへの再投資に優先的に利用される」[2]と定義され，EUの中でも特に政府主導で振興がはかられてきた。イギリスでは従来から存在していたボランタリー・セクターが，政府とのパートナーシップのもとで持続可能なビジネス

として転換しながら社会的課題に取り組むといったモデルが採られている。政府のソーシャルビジネスへの支出は社会的投資として捉えられ，ソーシャルビジネスによる付加価値の拡大や雇用創出は政府の成長戦略を推進させるものとして位置づけられている。

(2) アメリカ

アメリカでは19世紀末から20世紀初頭にかけては，成功した実業家らがフィランソロピー（Philanthropy＝社会貢献）という形で，市民に必要とされる施設の建設などに大きく関わってきたが，60年代の公民権運動や女性運動，反ベトナム戦争など市民運動が高まり，70年代のカーター政権では景気後退とインフレが併存して競争力を失って，社会保障基金のために増税が行われた。そして1980年にレーガン大統領が発足すると，貿易赤字と財政赤字を克服するために，規制緩和が進められ小さな政府の実現が唱えられた。多くの社会問題を抱えるコミュニティの再開発を手がけるために，グラスルーツ・リーダーと呼ばれる人々が活躍するようになった。更に，アメリカでソーシャル・アントレプレナーの概念を普及させる契機となったのは，1980年にビル・ドレイトン[3]により設立されたアショカ財団の活動である。世界各地で活躍するチェンジ・メーカーたちをソーシャル・アントレプレナーと呼び，それらを支援する仕組みを構築した。これはHVAC（Hybrid Value-added Chain）と呼ばれ，アショカのような社会起業支援団体が核となり，社会的企業や市民グループをビジネスサイドの一般企業や金融機関と組み合わせ，社会的課題の解決をはかると共に，ビジネスの要請にも応えてゆくことを目指したSocial/Business融合のハイブリッドモデルである[4]。

1970年代から「ベン＆ジェリーズ（B＆J）」，「パタゴニア」などソーシャル・イノベーションをミッションとするソーシャルビジネスが次々と設立されたが，ベンチャー起業を推進するクリントン政権下でこれらの企業の活躍に注目が集まり，1990年代後半からソーシャル・アントレプレナーシップ（Social Entrepreneurship）という新しいコンセプトとして，一部のビジネス・エリートの間で注目されはじめ，今や新しい職業選択肢[5]のひとつとし

て人気を博している。ハーバードやスタンフォードなど著名なビジネススクールでもソーシャル・アントレプレナーシップの講座が開講され，多くのエリートを教育してきた。今では，これらのビジネススクールから輩出されたビジネス経験や実践的スキルを持つエリートたちが，社会的課題解決に挑むために世界各地で新たなビジネスを展開している。

(3) バングラデシュ

ソーシャルビジネスのムーブメントに大きく影響を与えたムハマド・ユヌスによるグラミン銀行を取り上げておく必要があるだろう。ユヌスはバングラデシュ出身で，フルブライト奨学金によりアメリカのヴァンダービルド大学で経済学博士の学位を取得している。1976年にNGOとしてはじめた農村の主婦らへの低金利・少額融資の活動を，1983年にグラミン銀行とし政府の公認を得て，バングラデシュの農村部の人々の生活自立を支援するために無担保の少額融資を「マイクロ・クレジット」として確立して，ノーベル平和賞を受賞した。企業における雇用機会の少ない発展途上国では，労働者の半数は自営やファミリービジネスで生計を立てており，不安定な生活を続けている。マイクロファイナンスの利用者は，貧困脱出のためにビジネスの元手を借りることができるばかりでなく，利子の支払い義務もあることから，ビジネスを成功させるインセンティブともなっており，零細事業の運営に役立つマイクロファイナンスは発展途上国に浸透していった。

(4) 日本

日本では，必要なサービスは行政が提供してきたという歴史があり，国民もそれを当然のこととして受け止めてきた。従って，「ソーシャル」という概念は比較的新しい。近年になって，行政は小さな政府を目指すようになり，必要とされる多様化したサービスを補うためにNPOが急増してきた。民間非営利団体であるNPOは，国家と企業の隙間を埋める第3セクターとして社会的にも大きな位置を占めるようになった。

少子高齢化の流れの中で，最近では過疎化が進む地域社会にも，人々の目

が注がれるようになってきた。子どもの教育，安全な社会の実現，社会的弱者への配慮をはじめとして，地域の中での人々のコミュニケーションがもとになって実現される自発的な「まちづくり」が推進されている。そこでは，地域の資源を活かして利益に結びつけるコミュニティビジネスの振興も図られている。このような中で，経営センスを持ったソーシャル・アントレプレナーが必要となり，経済産業省でも平成20年から24年にかけてをソーシャルビジネスの集中推進期間として位置づけ，平成24年には雇用者数30万人，市場規模2.2兆円を目標に，ソーシャルビジネスを担う人材の育成，ソーシャルビジネスの事業基盤の強化，社会的認知度の向上のために，政策資源を集中投入してきた経緯がある。

経済同友会の調査によれば，先進国の市民セクターには図表9-2のような違いがみられ，日本では英国型のソーシャルビジネスの創出を目指すべきだと提言されている。

図表9-2　米国・英国。大陸ヨーロッパの市民セクターの比較

	米国型	英国型	大陸ヨーロッパ型
イメージ	ベンチャー精神	市民社会	福祉社会
活動スケール	グローバル	ローカル	ローカル
活動タイプ	社会的企業	コミュニティビジネス	コミュニティビジネス，協働組合
主なミッション	貧困	ソーシャルインクルージョン	ソーシャルインクルージョン
ビジネスモデル	強い IT技術活用	弱い 政府の強いバックアップ	弱い 政府が中心 協働組合
収入	寄付金 民間事業収入	寄付金 委託事業収入	寄付金 委託事業収入
組織のガバナンス	強い	強い	強い
民間企業との人材交流	流動的	固定的	固定的
行政との人材交流	流動的	流動的	流動的

（出所）　公益社団法人経済同友会，2010年7月「市場を活用するソーシャルビジネスの育成」p.17。

3. ソーシャルビジネス (SB) とコミュニティビジネス (CB)

ソーシャルビジネスの範囲は幅広く，世界的にも状況が異なっていることがわかる。そこで本章では，以下日本のソーシャルビジネスについて，もう少し詳しく見ていくことにしたい。

(1) ソーシャルビジネスとコミュニティビジネスの違い

ソーシャルビジネスとは，社会的課題に事業的手法で取り組み，イノベイティブな活動を行う社会貢献を目的とした民間企業である。高度成長期における経済至上主義に代わって，豊かな人間らしい生活に対して人々の意識が強まり，近年では犯罪，教育，環境，貧困，医療といった社会問題に関心が向くようになった。「ソーシャル」という新しいキーワードが生まれ，ソーシャル・アントレプレナーがボランティアのアマチュアリズムと，従来のNPOにありがちな脆弱な経営体質を打ち破り，新しいタイプの創造的でプロフェッショナルなソーシャル・ベンチャーを社会の活性剤とすることが期待されるようになった。ソーシャルビジネスは，ソーシャル・エンタプライズ (Social Enterprise)，ソーシャル・ベンチャー (Social Venture) とも呼ばれ，日本語では社会的企業と訳されることもある。

経済産業省によれば，環境保護，高齢者・障がい者の介護・福祉から，子育て支援，まちづくり，観光等に至るまで，多種多様な社会課題が顕在化しつつある地域社会の課題解決に向けて，住民，NPO，企業など，様々な主体が協力しながらビジネスの手法を活用して取り組むのがソーシャルビジネス／コミュニティビジネスであるとされる[6]。ソーシャルビジネス推進の目的は，行政コストの削減のみならず，地域における新たな起業や雇用創出を通じて，地域活性化につなげることにある。

もっともソーシャルビジネスとコミュニティビジネスには，その活動範囲や目的に若干の違いもある。経済産業省主催のソーシャルビジネス研究会報告書 (2008) によれば，ソーシャルビジネスは「社会的課題を解決するため

に，ビジネスの手法を用いて取り組むものであり，① 社会性，② 事業性，③ 革新性の３つの要件を満たすものである」と定義されている。① の社会性とは現在解決が求められる社会的課題に取り組むことを事業活動のミッションとすることであり，解決すべき社会的課題の内容により，活動範囲に地域性が生じる場合もあるが，地域性の有無はソーシャルビジネスの基準には含めない。② の事業性とは，① のミッションをわかりやすいビジネスの形に表し，継続的に事業活動を進めていくことである。③ の革新性とは，新しい社会的商品・サービスや，それを提供するための仕組の開発，あるいは，一般的な事業を活用して，社会的課題の解決に取り組むための仕組の開発を行うことを指す。

　従って，コミュニティビジネスという場合には，事業対象領域が国内地域に特化しているが，ソーシャルビジネスという場合には，地域活性化を含め，よりグローバルな視点での活動もその範囲に含まれることになる。

図表 9-3　ソーシャルビジネス（SB）とコミュニティビジネス（CB）

（出所）　経済産業省 2008 年 4 月『ソーシャルビジネス研究会　報告書』をもとに加筆修正。

(2)　ソーシャルビジネスの分野

　ソーシャルビジネスが必要とされるのは，① 政府がこれまで市場を独占してきたような領域，また政府・行政からは漏れ落ちてきたような領域，② 従来市場では対応しきれなかったような領域である。従って，ソーシャ

ルビジネスの分野は地域の再生，環境保全，福祉，教育，ヘルスケア，貧困，途上国への支援などの社会的領域，社会変革など多岐にわたるが，いずれも社会の問題解決とビジネスを一致させるイノベイティブな活動である。

経済産業省の「ソーシャルビジネス55選」(2009) では，国内で活動する社会的企業は以下のように分類されている。

① 街づくり・観光・農業体験等の分野で地域活性化のための人づくり・仕組みづくりに取り組むもの
② 子育て支援・高齢者対策等の地域住民の抱える課題に取り組むもの
③ 環境・健康・就労等の分野で社会の仕組みづくりに貢献するもの
④ 企業家育成，創業・経営の支援に取り組むもの

世界的には貧困問題[7]や環境問題など，社会の構造的問題に挑むソーシャルビジネスも多く，1980年に設立されたアショカ財団や，1998年に設立されたシュワッブ財団では，世界規模でソーシャル・アントレプレナーシップの高揚と社会起業家の育成を目的とした活動を展開しているが，これに対し経済産業省が目指すのは我が国の地域活性化に向けたソーシャルビジネスであるので，ここで取り上げられるものはコミュニティビジネスとしての色彩が強いものが多い。

(3) コミュニティビジネスの目的

前述のようにソーシャル・ベンチャーの中で，特に地域の再生に関して日本ではコミュニティビジネスという言葉が使われることもある。コミュニティビジネスは，地域住民などが中心となって，地域において事業を展開することにより，地域社会が抱える課題を解決していこうとする取組みである。ソーシャルビジネスは企業の経営手法を取り入れ，より効率的にその運営をおこなうことで高い事業性を持たせている。これに対し，コミュニティビジネスも営利を目指してはいるが，基本的に地域住民自ら解決していこうとする活動である。

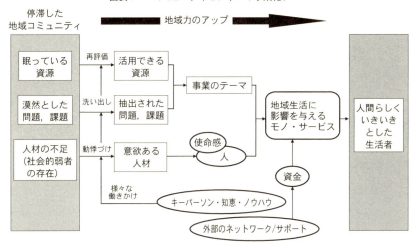

図表9-4　コミュニティビジネスの事業化フロー

（出所）　細内信考（1999）。

　コミュニティビジネスの特徴は，①住民主体の地域密着ビジネス，②必ずしも利益追求を第一としない適正規模，適正利益のビジネス，③営利を第一とするビジネスとボランティア活動の中間領域的ビジネス，④グローバルな視野のもとに，行動はローカルな開放型ビジネス，という点にまとめられる。動機として或いは結果として，コミュニティに貢献する事業をその領域とする。具体的には，これからの地域社会に必要な事業（福祉・介護・医療，地域の安全，子供の健全育成など），まちづくり・地域活性化に関連する事業（商店街の活性化，観光振興など），生活価値を創造する事業（文芸・芸術・スポーツ，教育・生涯学習など），家事の外部化についての事業（家事代行，食材宅配サービスなど）などがあげられる。

　ソーシャルビジネスの中で，地域再生を担うコミュニティビジネスは，社会問題の解決とともに，文化の継承・創造，経済的基盤の確立，人間性の回復といった側面からコミュニティの活性化を促進し，コミュニティに所属する個人の自律性を高める役割を果たしている。

4. ソーシャルビジネスのマネジメント

(1) ソーシャルビジネスの組織形態

　ソーシャルビジネスは，利潤拡大を最大の目的とし株式公開を目指すベンチャー企業とは異なり，起業家が強い社会的使命を感じて起こす社会的事業である。ただ，単なる社会貢献ではなく，ビジネスの手法を用いて特定の社会的な課題の解決することを視野に入れて立ち上げている。そのために，慈善活動を行うNPOのように助成金や寄付金に頼るのではなく，事業収入による経費の充足，或いは収益の獲得といった経済的自立を目指した活動である。前項の例をみてもわかるように，ソーシャルビジネスは非営利組織（Non-profit Organization），営利企業（For-Profit Corporation）いずれの組織形態も選択することができる。

　組織選択のポイントとなるのは，① 資金調達，② 税制，③ 信頼性である。資本市場から資金を調達するかどうかは，機械設備など大きな初期投資が必要かどうかにもかかっている。また，NPOが資金調達のために会社を併設する場合もある。税制については，NPOを選択した場合には，法人税，住民税が会社より低く，寄付控除を受けることで優遇される。また，ハンスマン（Hansmann, 1980）が指摘するように，市場において生産者と消費者の間に情報の非対称性がある場合，消費者は企業よりNPOをその非配分性ゆえに信頼する傾向がある。

　NPOには，① 資金調達の資本市場がないため寄付などに依存する，② 使命は利益ではなく社会的な価値の創出である，③ 働く人は基本的にボランティア，④ そのために人を動かすのに脅しが効かない，といった組織の特徴がある。一般的には，競争・市場が効率的であると考えている人々は市場で競争することを評価する傾向にあり，ソーシャルビジネスを営利企業として立ち上げることを好む。行政からの支援，制度的な寄付に依存しない資金源を市場に求めて，自らの社会的使命を達成しようと試みる。

　ただ，営利企業を選択した場合には，リスクも抱えることになる。組織成

果として重要な社会的価値の創出は数値化しにくい。企業がこれまで参入してこなかった財やサービスの提供は，市場の圧力が強いことを示しており，市場で生き残るのはたやすいことではない。しかし，利益を意識すると顧客満足志向になりがちである。商業主義に偏ることで，組織の存在意識がぼやける可能性もある。

　ソーシャルビジネスにおいてNPOを選択する理由としては，① 優遇税制，ボランティア労働力，寄付などが受けられる，② 社会的信頼を受けやすい，③ 行政が提供する公共サービスと共存しやすい，といった点がメリットとしてあげられる。ただ，NPOでは外部資金に頼るため経済的効率性を追求しない，多様なステイクホルダー，行政と同様に大衆の監視を受けやすい，非市場的圧力，ガバナンスの多重性などのリスクも抱えている。

　企業のNPO分野への参入により，NPOも市場競争を重視するようになってきている。その意味では，事業型NPOには効率的経営が求められている。ただ，ソーシャルビジネスでもっとも重要なのは，営利企業にみられるような管理統制ではなく，従業員の間である種の感情的なつながりを大切にすることにある。組織のミッション達成には，金銭的なインセンティブではなく，連帯感やモチベーションといった人間的な要素が土台となる。そして，外部の組織や人材とのネットワークを構築することで，身の丈に合った事業を，より効果的に成長させ，持続的な活動として展開していくことが，いずれの組織形態をとるソーシャルビジネスにも求められている。

(2)　ソーシャル・アントレプレナーの資質

　行政や企業との違いを鑑みれば，ソーシャル・アントレプレナーには少なくても以下の5つの条件が必要となろう。創造力，ストーリーテラー，アライアンスの構築能力，リーダーシップ，経営能力である。

　① 　創造力

　ソーシャルビジネスは，社会に必要とされる問題点の発見からはじまる。既存の価値観にとらわれず，新しいユニークな価値を発見していく必要がある。どのような仕組みによってイノベーションを社会に提供することができ

るのかを考え，実際に提供するのがソーシャル・アントレプレナーの役割である。

② ストーリーテラー

使命感を強く持ち，その価値と動機を人々に伝えるコミュニケーション能力は，収益を目的としないソーシャルビジネスにおいて非常に重要である。ソーシャルビジネスのミッションは本来抽象的であり，それだからこそ絶えず繰り返して唱える必要がある。「弱い人を助ける」「困った人を助ける」といった抽象的なミッションは，ソーシャル・アントレプレナーの人柄を通して具現化されなければならない。具体的な行動の背景にある信念や信条を語り，人を惹きつけていくことがミッションの実現には不可欠である。

③ アライアンスの構築能力

そして，自分だけでは成し遂げられない理想を，人々の知恵とアイデアを汲み取ることで実現できるようにアライアンスのシステムを構築し，理想を追い求めて落胆せずに突き進む能力がいる。複雑化する社会課題に対応するためには，解決の鍵を握る多様な組織や人を巻き込み，政府，産業界，消費者，労働者，NPO，研究者等のマルチ・ステークホルダーが協働して課題解決にあたるマルチステークホルダー・プロセス（MSP）が必要になっている。

④ リーダーシップ

アライアンスの構築のためには，大胆な思考とリスク・テイキングを怖れない外向けのリーダーシップが必要である。そして，組織の成長に伴って起業家から経営者へとリーダーシップの内容も変化してくる。

⑤ 経営能力

そして，自立するソーシャル・ベンチャーのためには，財政上のスキルや経営分析能力を持ち，「社会的によい」ことをしていることを証明するためにも，アカウンタビリティを備え，持続性ということを意識して次世代の経営者を育てていく必要があるだろう。ソーシャル・ベンチャーは規模拡大だけが望ましい方向ではなく，経営力に合った適正規模を意識して誠実なミッションを遂げる事業である。

5. ソーシャルビジネスの事例

ここでは，経済産業省の 55 選に挙げられた 4 つの各カテゴリーの中から，ソーシャルビジネスの事例を紹介しておきたい。社会性，事業性，革新性の 3 つの側面から解説している。

(1) 街づくり・観光・農業体験等の分野で地域活性化のための人づくり・仕組みづくりに取り組むもの―株式会社いろどり（横石知二社長，徳島県上勝町）

自然に囲まれた上勝町では従来みかん農家が多く，高齢[8]・過疎化が進んできた。そこでまちの活性化を目指して，1986 年に当時農協職員であった横石知二氏により，上勝町が出資する第 3 セクターとして株式会社いろどりが設立された。もみじや桜の花といった料亭などの料理に添えるつまものを手掛けるビジネスで，みかんに比べて軽量で栽培もしやすい。現在は 320 種類以上の葉っぱを年間を通じて出荷している。農家の高齢者にパソコンを普及させることから始め，受注ネットワークを構築した。各農家は売上を伸ばすために戦略を立てるなど，彩事業に携わることが生きがいとなり，健康長寿にもつながっている。生産者約 200 名，年間販売額は 2.6 億円強で，全国のつまものの約 8 割のシェアを誇っている。

① 社会性

株式会社いろどりのミッションは，農業による地域活性化である。肉体的負担を軽くした軽量の「葉っぱビジネス」に着眼し，高齢者・女性に仕事上の出番や役割を与えることで，元気になり，町全体が明るくなった。老人ホームの利用者も減り，町営の老人ホームは閉鎖，寝たきり老人もほとんどいない。更に，川勝町への移住・交流の促進やインターンシップ事業を手がけ，2010 年以降 2014 年現在までの間に 500 名以上の若者を受け入れ，約 20 名が移住をして，中には起業して新たなビジネスをはじめたケースもあるなど，高齢農家と外部の若者との交流を促進している。

② 事業性

　株式会社いろどりの「葉っぱビジネス」が成功したのは，それまで個々の料亭やレストランが個別に調達していたつまものを，一つに束ね，受注した点にある。自然災害に影響を受けやすいみかん農家のリスクを軽減し，軽量野菜を中心とした栽培に切り替え，年間を通じて季節感のある葉っぱを出荷することができるようになった。会社が一括発注を引受け，それを個別の農家に自らの意思で受注させるというシステムのため，農家はリスクを取る必要もなく，やる気のある人はたくさん受注し販売額を増やすことができるという仕組みが，農家の競争と協調の状況をうまく作り出すことになった。

③ 革新性

　高齢者の多い農家に受発注が速やかにできるように，ファックスやパソコンによる情報化を推進してきた。年収1,000万円を売り上げる高齢女性もいるが，全てパソコンやタブレット端末を使用した「上勝情報ネットワーク」から情報を取っており，システムからは所属する町彩部会での売上順位もわかる仕組みとなっている。高齢者の健康を引き出す精神的モチベーションを高めるだけでなく，ビジネスを主催する川勝町を広くアピールすることで，全国的知名度を高め地域のブランド価値を向上させてきた。

(2) 子育て支援・高齢者対策等の地域住民の抱える課題に取り組むもの
　　　―有限会社ビッグイシュー日本（佐野章二代表，大阪市北区）

　ビッグイシューは1991年にロンドンで生まれ，日本では2003年9月に佐野章二氏が中心となって日本語版が創刊された雑誌で，ホームレスの人たちの救済（チャリティ）ではなく，仕事を提供し自立を応援する事業である。定価350円の雑誌を街頭でホームレスが販売員となって販売し，180円の収入を得ることができる。最初の10冊を無料で提供し，それを元手に以降は1冊170円で仕入れることになる。安定した自分を持たない人々が，収入を確保していくことで住まいを得て，社会復帰することを目指している。

① 社会性

　厚生労働省によれば全国でホームレスは6,235人（2016年1月現在）とさ

れ,2003年の調査開始以来,ピーク時の5分の1以下に減少している。もっとも,この調査は目視によるもので,家賃滞納をしている者,ネットカフェ生活をしている者,車上生活者などは含まれていない。ホームレスは氷山の一角であり,その背景には多くの社会問題が混在している。社会的に孤立してしまったホームレスの人々に,販売員という働くきっかけを与えることで社会との接点を作り,またホームレスの人々も販売を通して周囲の人々に励まされることが,生きるモチベーションにもつながっている。

② 事業性

敢えてNPOではなく有限会社を選択し,社会問題の解決に挑む事業性の確保にチャレンジしている。販売員はビジネスパートナーであり,ビッグイシューの事業はあくまで読みたいと思う雑誌を編集することである。1)世界のストリートペーパー・ネットワークで日本と世界をつなぐ国際雑誌,2)時代のマイナス条件をプラスに転換し,若い世代が生きやすい社会をつくる社会変革雑誌,3)セレブからホームレスまで,誌面で多様な人生が展開する人間雑誌,4)意外性を楽しむポストエンターテインメント雑誌という4つのコンセプトで,「他者や社会の問題を自分のこととして考える,オピニオンリーダーの素養を持った人たち」を対象に,若者から高齢者まで幅広い読者を抱えている。月2回,4万部の発行で,オンライン版も掲載している。

③ 革新性

ビッグイシュー日本は,イギリス発祥ビッグイシューのビジネスモデルに倣っている。そのためビジネスモデル自体には革新性があるわけではないが,日本にそのまま適用するというわけにはいかなかった。外部的な環境もイギリスとは大きく異なり,若者の活字離れ,雑誌の路上販売文化がない,優れた無料誌が多く有料では買ってもらえない,ホームレスからは買わないといった状況を1つ1つ克服していく必要があった。しかし,失敗しても再チャレンジしやすい社会を創造するという目的のもと,地道にネットワークを構築し,支援の輪を広げると同時に,ビッグイシューの知名度を高めてきた。

(3) 環境・健康・就労等の分野で社会の仕組みづくりに貢献するもの──特定非営利活動法人里山を考える会（関宣昭会長，福岡県北九州市）

「里山的暮らしのデザイン」をテーマに，里山の保全活動をおこなうとともに持続可能な社会づくりを目指して，社会システムの発展，環境教育及び人材育成に関する事業をおこなっているNPO法人である。里山は日本人の地域コミュニティのなかで大切に守られ利活用されてきたが，我々の暮らしが変化する中で，里山との関わりも希薄になり，里山が消滅しつつある現状がある。その中で，自然と人間社会が里山を通して豊かな関係性を築き，循環・再生産型の持続可能な社会の構築につながるように，農村での活動，都市での活動，つなぐ活動を実施している。2001年から活動を開始し，2002年にNPO法人となった。

① 社会性

里山の仕組みを持続可能な社会づくりの1つの方法として捉え，「里山的暮らしのデザイン」として身の回りにある動物，植物，建築，エネルギー，コミュニケーション等多様な要素を活かす生活スタイルのデザインを提案している。里山は人が手を加えることで保たれてきた自然であり，それを見習って，どうその仕組みを都市の生活に活かしていくかという点に重心を置いている。

② 事業性

里山を考える会では，公共をターゲットとし社会事業としての活動に専念している。固定費及び運営費は自ら稼ぐが，それ以上の収入はミッションに再投資する。社会事業としているNPOとして認知度広め，尊敬されるようなNPOの業界を作るとともに，NPOも高い給与を支払ってよい人材を集めることが必要と考えている。

市の委託事業など行政との考えや，民間企業の計画との一致点を探し，それを元手にプラスアルファの価値を提供することを目指している。公園の景観提案，デベロッパーの建設計画などに提案を述べ，それをNPOの活動と一致させる発想と手腕を持つ。北九州市八幡区東田地区で繰り広げるスマートコミュニティを案内する「ココスマツアー」を平成24年から開始し，平

成 28 年 1 月までに国内外から約 650 団体，7,500 名が参加している。

③ 革新性

設立当初は里山の畑仕事や環境教育などの活動にとどまっていたが，「その活動だけでは，速度が遅い。そこで『都市を里山にしていこう』という考え方に切り替えました」[9] という。2004 年からは行政，企業，里山を考える会が東田エコクラブに集まり，東田地区のまちづくりについての話合いをはじめ，立地企業で働く 3,000 〜 4,000 人のコミュニティづくりを目標とした。2009 年には最初のマンションが東田地区に建設され，同地区のスマートシティの考え方を理解してもらうために，説明会や地域の祭りを開催し住民のコミュニティづくりにも積極的に取り組んだ。公害を克服した力や技術を持つ北九州市だからこそ，「工場があるがゆえに県境にいいまちづくり」[10] が可能であると捉え，「都市を里山に」をキャッチフレーズに，工場から出る電気，水素，蒸気などのエネルギーをうまく使いこなすことで，工場とまちとの共生を目指している。工場とまちの共生は，急速な経済発展を遂げるアジア諸国からも有効なコンセプトとして注目を集めている。

(4) 企業家育成，創業・経営の支援に取り組むもの─特定非営利活動法人大阪 NPO センター（三木秀夫代表，堀野亘求事務局長，大阪市中央区）

1996 年に大阪青年会議所のメンバーが中心となり市民団体の課題解決を支援する機関として発足した特定非営利活動法人大阪 NPO センターでは，ソーシャルビジネスやコミュニティビジネスの事業者を応援するために，創業，法人化，事業計画書策定，経営改善，事業継承，会計，税務などの相談などをおこなうとともに，講座やイベント等を開催している。個々の NPO では力が足りず，ミッションを実現できない場合も多い。このため，各 NPO 間の相互理解や協力，NPO・行政・企業・大学との交流・学び合いといった場を提供することで，相互に刺激しあいパートナーシップを構築する環境を整備し，NPO が目指す新たな市民社会を創造するための支援活動をおこなっている。

① 社会性

非営利特定活動法人大阪NPOセンターは,「産官学連携をしながら,市民が主体の社会を作っていく」ことをミッションとしている。NPOの数は全国で5万2,241（平成27年12月31日現在）と毎年増加しているが,NPOが個別にミッション遂行のために活動をおこなっており,それぞれの団体が資金不足,人材不足など同じような問題を抱えているのが現状である。大阪NPOセンターでは,市民の観点から自発的・公共的な活動を担いながら社会変革を目指す団体を総称してCSO（市民社会機構　Civil Society Organization）と捉え,これらのネットワークづくりを支援することで,より効率的に個々のミッションを目指しながら,全体的な相乗効果が狙える環境づくりを支援している。

② 事業性

NPO設立・運営のサポート,人材育成,起業・就労支援,ビジネスプラン策定,表彰といった事業を中心に,NPOたすけ隊,認定コンサルタント養成塾,「大阪NPOセンター認定コンサルタント」認定後の活躍の場の提供,地域貢献型社会企業家育成プログラムなどを展開している。近畿経済産業省から委託を受け,「近畿ソーシャルビジネス・ネットワーキング」として,近畿地域の自治体・事業者・支援機関・金融機関・教育機関等と広域的ネットワークを構築している。事業型NPOの育成を目的としていることが特徴である。このためにチーム型のコンサルティングスタイルを採用している。

③ 革新性

市民が自発的におこなう市民活動の重要性が指摘されているが,それらを育成支援する社会システムは我が国では十分に整備されていない。これを具現化する形で純粋に民間の中間支援組織として設立されたのが,大阪NPOセンターである。マネジメント支援と経営支援を併せ持つのが大阪NPOセンターの強みであり,社会企業家育成のためにマネジメント支援,経営支援,資金支援を育成している。(株)NPOグラジュエイトスクールを開講し大学院レベルのNPO人材づくり,1997年にNPOアワードとしてはじめた

CB・CSO アワード，2006 年創設の"志"民ファンドなど，先進的・革新的な取り組みにチャレンジしている。

6. ソーシャルビジネスに期待されること

(1) 成長プロセスに合わせたマネジメント

ソーシャルビジネスが取り組むような社会的課題は，既存のビジネスでは収益が見込めず，政府の施策によっても効果的な解決ができなかった難しい領域にある。広石（2013）によれば，ソーシャルビジネスが儲からない理由として，① 対象者のニーズの量と内容が不明瞭，② 商品・サービスの質と価格の決定システムがない，③ 生産や運営の調達コストが高い，④ 公共とは行政がするもので，公共的テーマはボランティアがすべきだという意識，といった点があげられる[11]。もっとも，ソーシャルビジネスが社会的影響力を持つようになるためには，一定の収益を確保し持続的活動をおこなうだけでなく，成長していくことが不可欠である。ソーシャルビジネスの成長過程にも，一般のベンチャー企業と同様に"gate"（ゲート）が存在する。このため，次ステージとの間の経営上のゲートを乗り越えていくマネジメントが重要となる。

第1ステージである誕生期は，創造性を発揮してミッションを確定し，コア・チームの人材を獲得，物理的環境を整備する時期である。NPOであれば助成金や寄付，営利企業であれば市場からの資金調達により，ミッションを実現する基盤を整備する時期にあたる。

第2ステージは社会的課題解決のための活動による社会資本を構築する時期で，事業の拡大・成長のために実務・分析スキルが必要になる。事業収入を増やし，行政からの助成金や補助金，寄付や会費などその他の財源の強化を図らなければならない。そのためにも社会的認知度を高めるマーケティングと同時に，外部とのアライアンスを構築し，ボランタリーな協力者を得て生産性を高める工夫が必要とされる。

第3ステージは社会資本を還元する時期で，成果を自己評価し，活動を正

当化するために外部へのアピール力が必要になる。提供する質や価格の評価軸を明示することで業界スタンダードを確立し，なぜ自分たちがその社会的課題に取り組み，どのような成果を出したいのかについて理解を広め，新たなムーブメントを作っていくことで，ソーシャルビジネスも成長を続けることができる。

(2) ミッション経営

社会的課題を解決するというミッションに基づくソーシャルビジネスが，助成金や助成金だけに頼らず自立して活動をおこなっていくためには，効率的な問題解決が不可欠である。そのためには，専門性を持つプロフェッショナル組織となって，マネジメント力を高める組織づくりが不可欠である。成長力を支えるのは，ミッションを進化させるソーシャル・アントレプレナーとその経営チームによるマネジメントに他ならない。ソーシャルビジネスでは，成長段階に応じたミッションの再定義も重要となる。

経済性と社会性を両立させる経営は，資金確保，マーケティング，人的資源管理，アライアンスの構築と，あらゆる側面で，一般企業より一層のマルチ・ステークホルダーを意識したマネジメントが必要とされる。更に，ミッションの遂行には外部からの理解と支援も不可欠である。こうしたソーシャルビジネスを新たな市民社会の起爆剤として，よりよい社会の構築が目指されている。

（大木裕子）

注
1　谷本・田尾編著（2002），pp.142-152 を参照のこと。
2　英国貿易産業省 "Social Enterprise: a strategy for success"「社会的企業：成功のための戦略」報告書，2002 年 7 月。
3　1970 年代にカーター政権で環境保護庁の副長官を務めた。
4　経済同友会(2010)「市場を活性化するソーシャルビジネス（社会性，事業性，革新性）の育成－日本的市民社会の構築に向けて」p.14。
5　アメリカで最も成功している教育系の NPO「ティーチ・フォア・アメリカ（TFA）は 2010 年の全米就職ランキング 1 位となるなど，就職先として NPO の人気が高い。
6　経済産業省 HP を参照のこと。

7 グラミン銀行に代表されるマイクロファイナンスと呼ばれる小口融資が浸透したものの，貧困層削減には至っていない。
8 人口は 1,696 名 836 世帯（平成 27 年 12 月 1 日現在），高齢者比率が 51.91％。
9 「里山を考える会」会長関宣昭氏　日経スマートシティコンソーシアム第 7 回「工場があるがゆえの，環境にいいまちづくり～北九州から発信する自律発展型のスマートシティ戦略とは？」http://bizgate.nikkei.co.jp/smartcity/challenge/001566_6.html　（平成 26 年 2 月 14 日参照）。
10 同上。
11 広石拓司 (2013)。

主な参考文献
（和書）
[1] 大木裕子 (2004)『NPO のマネジメント』西日本法規出版。
[2] 川口清史・田尾政夫・新川達郎編（2005）『よくわかる　NPO・ボランティア』ミネルヴァ書房。
[3] 京都産業大学ソーシャルマネジメント教育研究会編 (2009)『ケースに学ぶソーシャル・マネジメント』文眞堂。
[4] 駒崎弘樹 (2015)『社会を変えたい人のためのソーシャルビジネス入門』PHP 研究所。
[5] 経済産業省 (2008)『ソーシャルビジネス研究会　報告書』
[6] 公益社団法人　経済同友会 (2010)「市場を活用するソーシャルビジネス（社会性，事業性，革新性）の育成—日本的市民社会の構築に向けて—」2010 年 7 月
[7] 谷本寛治・田尾雅夫編著 (2002)『NPO と事業』ミネルヴァ書房。
[8] 谷本寛治編著 (2006)『ソーシャル・エンタプライズ　社会的企業の台頭』中央経済社。
[9] 塚本一郎 (2003)「イギリスにおける社会的企業の台頭：労働党政権下における市民事業と政府の新たな協働」『経営論集』50 (3)，pp.123-145。
[10] 広石拓司 (2012)「第 3 回　ソーシャルビジネスに期待しているか～ムーブメントの背景」(2013)「第 5 回　ソーシャルビジネスは，なぜ儲からないのか？」日経 Biz アカデミー『ソーシャルビジネスが拓く新しい働き方と市場』　http://bizacademy.nikkei.co.jp/career/social/list.aspx?page=1（2016 年 2 月 10 日参照）。
[11] 細内信考 (1999)『コミュニティビジネス』中央大学出版部。
[12] 町田洋次 (2000)『社会起業家：「よい社会」をつくる人たち』PHP 新書。
[13] 山崎丈夫 (2003)『地域コミュニティ論：地域住民自治組織と NPO, 行政の協働』自治体研究社。

（洋書）
[1] Hansmann, H. B. (1980), "The Role of Nonprofit Enterprise," Yale Law Journal, 89, pp.835-898. (Reprinted in S. Rose-Ackerman (ed.) [64], 57-84.)

第10章

日本のソーシャルビジネス,コミュニティビジネス

1. 日本のソーシャルビジネスの誕生と背景

(1) 特定非営利活動促進法(以下 NPO 法)の限界

　すでに周知のように,日本では NPO 法ができるまで公益活動に対する法人格は,国や自治体など所轄庁による認可・許可によってのみ取得することができた。1998年12月に NPO 法が施行されるまで,事業型の民間非営利活動は,事業規模の大きい NGO[1] に代表されるように,企業組合や事業協同組合など使い勝手のよさそうな法人格をそれぞれ使用せざるを得なかった。初めて認可・許可ではなく,認証の条件さえ整えば取得することができる特定非営利活動法人(以下 NPO 法人)格ができたことは画期的であった。

　しかし,自由に非営利活動を行う団体に対しての非営利法人格は1つしかないため,任意団体で活動したほうが良い場合でも,必要に迫られれば NPO 法人格を取得せざるを得なかった。月1回河川のごみを拾う活動も,子育て支援の場を持ち,ひろば事業や一時預かりなどを行う事業型の活動も,同じ NPO 法人格を取得し活動した。

　NPO 法人は,見解が分かれていた部分もあったが,基本的には資金は民間の寄付によるボランティア型の事業に対応する法人格として,出資は認められない方向に収斂されていく。NPO 法施行後4〜5年は,出資に該当する活動を行っている団体もあったが,出資については認知されない状況になっていくなか,寄付以外の資金を集めることが難しくなっていく。

　一方社会的な課題解決のために自主的・自発的・自律的に行う活動は,そ

の活動が広がると，その質の担保や規模の拡大を求められるようになっていく。そのために投資をしなければならないこともあり，資金面の確保は重要な課題になる。従って事業型の非営利・公益活動を行う団体には，NPO法人は使い勝手が良くない点があった。

こうした状況のなか，NPO法人ではなく，出資を受けることができる株式会社で設立する非営利・公益活動を行う団体が現れた。分野を問わず多様な実際の活動では，継続した質の高い事業を行うために，法人格は問わない考え方が非営利・公益活動に対し認知されていった。

(2) ソーシャルビジネスの定義

前章で整理されているが，ソーシャルビジネスの定義はいくつかある。

ノーベル平和賞を受賞したムハマド・ユヌス氏は，利益の最大化を目指すビジネス（PMB）とは異なるビジネスモデルとして，「ソーシャル・ビジネス」を提唱している。「ソーシャル・ビジネスとは，特定の社会的目標を追求するために行なわれ，その目標を達成する間に総費用の回収を目指す」と定義している。また，ユヌス氏は2種類のソーシャル・ビジネスの可能性をあげている。1つ目は社会的利益を追求する企業であり，2つ目は貧しい人々により所有され，最大限の利益を追求して彼らの貧困を軽減するビジネスである[2]としている。

日本では，経済産業省はホームページで，「地域社会においては，環境保護，高齢者・障がい者の介護・福祉から，子育て支援，まちづくり，観光等に至るまで，多種多様な社会課題が顕在化しつつあります。このような地域社会の課題解決に向けて，住民，NPO，企業など，様々な主体が協力しながらビジネスの手法を活用して取り組むのが，ソーシャルビジネス（SB）／コミュニティビジネス（CB）です。SB／CBの推進によって，行政コストが削減されるだけでなく，地域における新たな起業や雇用の創出等を通じた地域活性化につなげることを目的としています。」と定義している。

また，平成23年3月に出した経済産業省のソーシャルビジネス推進研究会報告書でソーシャルビジネスについて定義をまとめ，「社会性」「事業性」

「革新性」の3つの要件を抽出し営利事業と区分している。詳細には前章を参照されたい。

(3) ソーシャルビジネス・コミュニティビジネスによる社会的課題解決と地域再生

社会的な課題を解決する事業を継続して提供していくのは，これまで行政や企業の役割であった。しかし，第一セクターである行政は，度重なる景気回復のための施策を発動して大きな財政赤字を抱え，2014年度末には約1,000兆円にまで赤字が膨らんでいる。

第二セクターである企業は，市場のグローバル化により海外へ生産工場などが移り国内の雇用は空洞化していった。バブル経済崩壊後，企業は内部的な余裕がなくなり合理化のためリストラが行われた。平成26年度厚生労働省の調査では，非正規雇用が40％と3人に1人を超え[3]，約6人に1人の子どもが貧困家庭[4]という状況になっている。企業による社会的な課題の解決は望めない社会になっている。

こうした状況の変化のなか，行政・企業では解決できない社会的課題があることが顕在化した。また，行政の施策は社会的課題が一般化し，住民に必要性が了解され議会で可決されなければ実施することができない。先駆的な社会的な課題は少数が対象であるなど，理解を得るまでに時間がかかるという構造的な問題がある。先駆的な社会的課題をクリアするためには，行政でもなく，企業でもない第3の勢力が必要とされている。第3セクターである。

こうした現象については，ジョンズ・ホプキンス大学のレスター・サラモン教授が非営利セクター国際比較研究プロジェクトで世界調査を行い，第3のセクターが世界的に台頭してきたことを報告している。このような状況のなか，阪神淡路大震災を経て市民のボランティア活動や公益活動の重要性が日本で認識され，特定非営利活動促進法が制定・施行された。1990年ごろからはじまった助けあい活動は，ドイツの介護保険の仕組みを調査研究のうえ介護保険法となり，2000年に施行された。その後NPO法人の介護保険事

業所が多数設立されるなど，NPO法はその設立の時から社会的課題解決のために有効な事業を行うことが期待されていたと言える。

しかし，前項で述べたように，NPO法人格のみでは社会的な課題解決の事業は運営しにくいなか，多様な法人格で社会的な課題解決事業が行われている。最近は企業も副業的な位置付けで参加してきているなど，多様で自由な発想で社会的課題解決の事業が行われている。こうした流れについては，イギリスの研究などを通じて社会的企業やソーシャルイノベーションの研究が多数発表されている。

また，地方経済は，中央集権，都市型の第2次，第3次産業振興の高度経済成長路線のなか取り残された。公共事業に依存し地域の事業をイノベーションしてこなかった結果就労の場が限られ，人工減少が進み限界集落や地方行政の破たんを招いている。

こうしたなか，前章で紹介している上勝町の例などのように，地方に今あるものを活用して小さな事業を起こし，まちづくりを行いUターン・Iターンで人口を増加させている地方がある。こうした事業は，地域の人，物，資金をネットワークし自治体の支援も含め多様な参加で行う。

経済産業省関東経済産業局は，地域の課題を地域住民が主体的にビジネスの手法を用いて解決することをコミュニティビジネスと命名し，平成16年から特化して推進するようになる。コミュニティビジネスはその後ソーシャルビジネスとして整理されるが，コミュニティビジネスの手法が地方再生に効果をあげている。

2. 経済産業省のソーシャルビジネス・コミュニティビジネス支援

(1) 支援の経過
① 関東経済産業局の推進策
㈰ 関東経済産業局のコミュニティビジネスの定義

2002年からコミュニティビジネスを推進してきた関東経済産業局はコミュニティビジネスをホームページで以下の様に定義づけている。

『関東経済産業局では,「コミュニティビジネスとは,地域の課題を地域住民が主体的に,ビジネスの手法を用いて解決する取り組み」と捉えています。近年,"ソーシャルビジネス"という言葉が使われるケースが増えていますが,"ソーシャルビジネス"が社会的課題全般の解決を目指すのに対し,"コミュニティビジネス"はそのうちの地域的な課題に特に着目しています。従って,"ソーシャルビジネス"は"コミュニティビジネス"を包含する概念ということもできます。結論から申しますと,組織形態・活動分野とも特に決まったものはありません。組織形態では,NPO法人が比較的多くを占めますが,個人,会社組織,組合組織等,様々な形態が存在します。また,活動分野としては,まちづくり,環境,介護・福祉,IT,観光,地域資源活用,農業,就業支援等,あらゆる分野に活動が拡がっています。形・数などの定量的側面ではなく,地域課題解決というミッションを第一義に活動していることが,コミュニティビジネスたる所以です。』

(い) 推進組織の創設

平成14年(2002年)には推進室を設置して取り組みを開始し,コミュニティビジネスの事例を調査し報告している。平成15年(2003年)3月に関東ブロック協議会が発足。

関東経済産業局は,「広域関東圏コミュニティビジネス推進協議会」[5]幹事会のオブザーバーとして,広域関東圏コミュニティビジネス推進協議会と連携・協力し,コミュニティビジネスの推進を行っている。

「広域関東圏コミュニティビジネス推進協議会」はコミュニティビジネスを推進するための団体として平成15(2003)年3月に発足した,1都10県のネットワーク組織である。会員には,「コミュニティビジネス活動団体」,「コミュニティビジネス支援団体」,「地方自治体」,「商工関係団体」,「企業」,「金融機関」など様々な組織・個人が参加している。その後完全に民間の組織として独立する。

(う) コミュニティビジネスの推進

2002年から始められた関東経済産業局のコミュニティビジネスの推進策は,東京,多摩エリア,千葉などを対象に地域密着で取り組みがはじまった。

多摩 CB ネットワークは，2009 年 1 月 24 日開催の「多摩 CB シンポジウム（主催：多摩信用金庫・広域関東圏 CB 推進協議会）」参加者から始まったゆるやかなネットワークで，「多摩のコミュニティビジネス（CB）」に共通の関心をもつメンバーによって構成され，個人，NPO，金融機関などが参加している。こうしたネットワーク型の支援は全国で見られる。

民主党政権になり，「新しい公共」が施策として進められ，ソーシャルビジネスの基盤整備が進んだ。日本政策金融公庫や信用金庫・信用組合の融資枠にソーシャルビジネスが位置付けられ，経済産業省はそのための事業の評価方法についてソーシャルビジネス推進研究会で検討している。社会的課題の解決を目的とするソーシャルビジネスは，収入構造を確立することが難しい事業であることが前提にあるため，その支援や基盤整備が重要になる。

その他，内閣府も資金の調達のために認定 NPO 法人に対する税制優遇の法律を 23 年に成立させている。内閣府の支援については別項で紹介する。

(え)　報告書等[6]

関東経済産業局は毎年報告書の公開やフォーラムを開催し広くコミュニティビジネスについて周知を行った。これらの報告書の概要は ① コミュニティビジネス事例の調査，② 支援機関のインターミディアリー機能促進や自治体の窓口・支援策，③ 地域遊休地の活用，④ 企業とコミュニティビジネスのパートナーシップ，インターミディアリーとの連携，行政とのパートナーシップなどである。

(2)　経済産業省による研究会の設置と報告内容

経済産業省は，関東経済産業局による平成 14 年（2002 年）の推進室の設置からコミュニティビジネス（その後ソーシャルビジネスとして平成 23 年（2011 年）3 月発行のソーシャルビジネス推進研究会でコミュニティビジネスをソーシャルビジネスの中に整理）の推進に対する取り組みを平成 24 年度まで行っている。

平成 19 年度は，ソーシャルビジネス研究会報告（2008 年 4 月発行）を谷本寛治一橋大学教授を座長に開催した。メンバーは NPO 団体，有限会社，

大学，企業の社会貢献室である。オブサーバーとして，商工会，独立行政法人中小企業基盤整備機構，自治体，厚労省，農林水産省，国土交通省，文部科学省，内閣府，総務省と横断的に各省庁や自治体からの参加を得ている。ソーシャルビジネスとは何かを知り，省庁や自治体のの壁を越えて事業を作っていくことを可能にする試みが行われている。

　平成 20 年（2008 年）4 月の報告書の内容は具体的な事業として実施されている。概要は以下になる。

- ・横断的な参加の場として，社会的課題を関係者全員で共有する場づくり―地域ブロックごとに関係者全員での協議会を開催
- ・資金調達の円滑化として，金融機関のソーシャルビジネス事業への理解の向上や融資のためのソーシャルビジネス事業者の評価基準
- ・人材育成の強化として，社会的課題と高いイノベーション能力とマネジメント能力も兼ね備えた高度かつ実践的な人財の育成のため，大学・大学院での育成，優秀なソーシャルビジネス事業者でのインターンシップ
- ・ビジネスプランコンテスト
- ・基盤整備強化に向けた仕組み作りや既存の中小企業施策のソーシャルビジネス振興への活用

ビジネスプランコンテストは各地で開催され，実際のソーシャルビジネスを生み出している。

　平成 22 年度のソーシャルビジネス推進研究会は中村陽一立教大学教授を座長に開催し，平成 23 年 3 月に報告書が出されている。内容は，まずはソーシャルビジネスの概念の整理を行っている（前章参照）。その他の概要は以下になる。

- ・国の主な役割は，ソーシャルビジネスを推進する意義と重要性の発信とプラットフォーム機能。関連府省や地域の関係機関の連携や取り組みの発信。従来の産業構造や主体の縦割りを超えるための制度やプロジェクトの創出支援，人材育成，中間支援機能の充実を総合的に推進。
- ・地域ごとの社会的課題を抽出
　課題解決ソーシャルビジネスを戦略的に推進

自治体は産業政策として正しく理解を発信

部署横断的な連携による推進体制の構築

各主体の連携を率先するコーディネート機能

・金融機関の役割

地域資源の活用，ステークホルダーの共感，事業の社会的可能性を評価

・商工団体の役割

地域活性化になるソーシャルビジネスやその芽を地域経済界と接点を作っていく

・大学

研究・教育両面でソーシャルビジネスを推進

企業OBなどの多様な人材の集まる場

以上平成20年（2008年），22年（2010年）ともに，社会的な課題解決に対して，多様な参加，産官学民の連携，縦割り行政の横断的な連携，日本政策金融公庫，信用金庫・信用組合による地域資源の活用や融資の仕組み，事業を推進できる人材の育成などについて具体的に提言している。

ビジネスプランコンテストの開催や優勝者に対するスタートアップの助成金の授与などをはじめ，前出の金融機関のソーシャルビジネスに対する地域資源の活用や融資の促進などで，ソーシャルビジネスへの具体的な支援が行われるようになっている。

(3) 経済産業省のその他の支援施策

経済産業省はソーシャルビジネス支援として，経営支援能力を持った中間支援団体を各地に創出・育成する支援を行っている。同時に自立的・持続的に自らが実施しているコミュニティビジネスの事業モデル・ノウハウを持った団体から，他の類似の課題を抱えている他地域の事業者へのノウハウ移転を平成21年から24年（2011年〜2013年）まで実施。23年度は23団体・3県を対象にノウハウ移転が行われた。

23年度は，企業との連携を行うための，企業連携支援機能強化事業も実施した。また，平成21年（2009年），22年（2010年）と先進事例や関連施

策等に関する全国的な情報発信，普及啓発及び関係者の交流促進（ネットワーク形成）等のためにソーシャルビジネス全国フォーラムを開催した。

省庁を横断した取り組みも実施されている。農林水産省と連携した六次産業化の支援として，農山漁村地域の産品，農地，森林資源，人などの潜在能力，発展可能性を活用し，都市部等のニーズ，資源をつなぐなどの手法によって，農山漁村地域の課題解決を事業として行おうとする意思と能力を兼ね備えた人材を育成するための事業を行い，各地で人材の育成が行われている。こうした取り組みの報告書が経済産業省のHPに公開されている[7]。

3. 経済産業省，関東経済産業局の支援実績

上記の施策の実行から，社会的課題解決事業をビジネスの手法を用いて取り組むためのインフラ整備が整ってきている。

（1） 資金調達

資金調達は，以前と異なり日本政策金融公庫はソーシャルビジネスの融資を実行している。そのために，経産省は評価基準の検討もソーシャルビジネス／コミュニティビジネスワーキンググループを立ち上げて行い，平成21年（2009年）3月にまとめている。また，信用金庫や信用組合に対しても融資を行うように施策を実施している。

西武信用金庫などは，こうした誘導が行われる以前から，ソーシャルビジネス，コミュニティビジネスに対するNPO事業サポートローンなど融資メニューをつくり実施してきている。多摩CBネットワークの事務局をしている多摩信用金庫も，はじめはNPO向けの低金利の融資を行うCSR事業であった。しかし，顧客の事業の相談機能を持った価値創造事業部を置き，その中にソーシャルビジネスも含まれるようになっている。融資の利子も事業内容で変動する。顧客の事業の価値を創造していく相談・支援を行い，銀行のもつネットワークと信頼を活用し，融資とともに事業の発展を支援する新しい銀行のあり方が，ソーシャルビジネスを支援する仕組みになってい

る。

(2) 人材育成

人材育成については，起業支援講座などを全国各地の行政が開催し，ソーシャルビジネスを起こす起業者の育成を行っている。起業塾や創業支援などを行う中間支援団体の育成を目的に，その能力を持った団体からノウハウ移転も一定程度行われている。

また，起業講座とともに起業コンペを行い，優秀者に創業資金を助成してスタートアップ支援を行っている。

起業支援は講座終了後のネットワークを使った支援が必要であり，多様な起業支援の中間支援団体に事業を委託している行政も多数ある反面，講座を開催するだけの行政の起業講座も存在する。東小金井市の東小金井事業創造センターKO-TOは，運営を株式会社タウンキッチンに委託し地域に根ざした支援組織が支援活動を行っている。

ソーシャルビジネス推進研究会の報告にある，社会的課題と高いイノベーション能力とマネジメント能力も兼ね備えた高度かつ実践的な人財の育成は，支援する側の人件費も一定保証しなければならない。横浜市では，ソーシャルビジネスの情報提供をしているソーシャルポートヨコハマの運営をソーシャルビジネス，コミュニティビジネスの先駆者である株式会社イータウンに委託している。ソーシャルビジネスの事業支援，人材育成は株式会社，公益財団など多様な起業支援団体が担っている。

(3) ネットワーク形成

施策の実施では，協議会などステークホルダーが参加する機会の提供があり，一定程度のネットワークが作られている。また，施策に参加した支援団体は，ネットワークなくしての事業展開は現実的に難しいことを実感している。ソーシャルビジネスを行う団体は，地域のソーシャルビジネス支援の機能をもっているところと連携することで，事業の継続に大きな力を得ることができる。

4. ソーシャルビジネス支援となる法・制度の改正

(1) 内閣府の施策・法や制度の基盤整備

　これまで，公益法人に対する法律は，明治時代に作られた民法に準拠していた。その公益法人制度が改正され，公益法人制度改革関連3法案が2006年に成立し，2008年12月に施行された。この法改正で，登記だけで公益法人が設立できるようになり，また出資ができる公益法人を設立できるようになった。具体的には定款に記載することで出資のできる社団法人を設立することができる。また，2011年にNPO法が改正され，理事の登記も代表理事だけで良いなど，手続きが簡略化されたことにより運営がしやすくなった。

　念願のNPOに対する支援税制は，同2011年，平成23年度税制改革法案が，6月15日に成立，平成24年（2012年）4月1日より施行された。これにより寄付者の税制優遇がはかられ，寄付文化を進めることができるようになった。NPO法人の資金の調達については，大きな柱である寄付はNPO法人に寄付を行う側の税制優遇がなく重要な課題であった。

　認定NPO法人に対する寄付者はその50％が控除されるようになり，資金面での支援の仕組みができた。

　また，それまで認定NPO法人の認可は国税庁が所轄であったが，各都道府県の委員会で認定されることになり飛躍的に認定団体数が増加した。

　また，内閣府は，「新しい公共支援事業」については，平成22年10月8日に閣議決定された緊急総合経済対策において，『「新しい公共」の自立的な発展の促進のための環境整備』を進めることとし，予算額87.5億円で，平成22年11月26日に補正予算が成立した。この予算の実行のために，全国の中間支援団体に対して予算措置が行われたが，ソーシャルビジネスの支援ができると目される団体が選考されている。東京では株式会社まちづくり三鷹が選考されている。

　全国で行われた，起業を中心とした企画コンペやスタートアップを助成する仕組みは，ソーシャルビジネスの推進にとって有効な方法である。現在も

地方行政や自治体でソーシャルビジネスの立ち上げ支援を行っているところが随所に見られる。これらの手法は経済産業省のこれまでの取り組みの成果と考えられる。

新しい公共については，東京都のホームページに以下の解説がある。

『「新しい公共」とは，官だけでは実施できなかった領域を官民協働で担うなど，市民，NPO，企業等がともに支えあう仕組み，体制が構築されたものです。この支援事業では，「新しい公共」の担い手となるNPO等の自立的活動を後押しし，行政が独占してきた領域を「公（おおやけ）」に開く取組みを試行することを通して，「新しい公共」の拡大と定着を図っていきます。』[7]

5. ソーシャルビジネス支援の仕組みの活用

以上，2002年から2015年まで様々な支援策を実施し，一定のソーシャルビジネスの支援の仕組みができてきた。経済産業省のホームページに出ている施策の実施団体はソーシャルビジネスの支援ができる団体である。その他にも地域型のNPO法人mystyl＠こだいらなどがある。ソーシャルビジネスイノベーションとして特化しているところもあり，ソーシャルビジネスを立ち上げる，または継続していく相談に支援団体を活用することができる。

融資と共に日本政策金融公庫などは相談業務や起業講座開設などにも取り組んでいる。日本のソーシャルビジネスの発展は，コミュニティビジネス入門等多くの書籍にあるように，くらしを豊かにし協同型の社会を築くと考えられる。

6. ソーシャルビジネスの事例

経済産業省のホームページには，ソーシャルビジネス55選（平成21年：2009年2月），ソーシャルビジネスケースブック（23年3月），全国121例紹介，ソーシャルビジネスケースブック（24年1月），震災復興版27事例

などが紹介されている。ソーシャルビジネス 55 選から NPO 法人と株式会社の法人格で社会的課題解決を行っている，2 つの事例を紹介する。

(1)　事例 1．NPO 法人くらし協同館なかよし

茨城県ひたちなか市の一戸建て団地 1,000 戸とその周辺含め 2,000 戸の団地を対象にした，食品の販売，喫茶，居場所，各種講座の開催，生活支援事業などを行うコミュニティカフェを，生活協同組合パルシステム茨城の閉店店舗で展開している。年々活動をする参加人数が増加し，過疎化の地域の生きがいづくりや生活支援を行い，地域包括ケアシステムの施策ができる前から生活支援部分を先行して実施している事例である。多様な活動を包含していて「現代版よろづや」と言える。

①　設立までの経過

2005 年 10 月，閉店した生活協同組合の店舗で，生協からの提案と支援を受けて，食事をするカフェ，住民がゆっくりする場，生活のサポートや日常生活に必要な品物の販売などを行うコミュニティカフェを NPO 法人で立ち上げる。住民にとって店舗がなくなることは買い物難民がでる状況になるため，新興住宅地（一軒家）の買い物難民支援となった。

設立は生協の元理事と店舗の運営委員会メンバーなど団地住民が参加して行われた。生活協同組合パルシステム茨城は店舗の改装費用と家賃の無償貸与を行っている。店舗が閉店してから産直市を週 1 回開催しながらニーズを確認し，また場の使い方を住民にアンケート調査した結果を踏まえて「くらし協同館なかよし」の事業内容を決定している。アンケート結果を協議し，以下の事業を行うことになる。

・お店が欲しい⇒遠くに行けない足の弱い高齢者が多い⇒野菜・米・魚・肉の販売
・ふれあいの場がほしい⇒食事と喫茶⇒ゆっくり休むコーナー
・元気な高齢者が調子の悪い高齢者を支える仕組み⇒生活のサポート⇒サポート会
・子どもが少ない⇒子育て支援・集まる場⇒子育てサロン

運営は，店舗販売，子育て支援，喫茶サロン，などやりたい人が責任を持つ独立採算の管理方式で行っている。生鮮品の販売やカフェのコーヒーなどは，生協や地元商店の協力・参加により仕入れが行われている。

新春ハーモニカコンサートに80人が来場するなど参加者も増加し，ついに店内から外に出て，畑作業の部会ができるなど益々活動が発展してきている。

② 事業の概要

「食と健康，ふれあい・支え合い・生きがい，地場産業の支援と食の安全」をテーマに高齢化が進む地域の住民の要望を受け，買い物や食事ができる場，みんなが気軽に集まれる喫茶サロンを運営している。健康講座や趣味講座など地域の多くの人材資源を発掘して講師となるなど，生きがいづくりの場となっている。季節行事や全世代が集まれる催事などを開催し，趣味教室は37（2014年）にもなっている。

子育て支援，家事支援など生活に密着した支援活動も実施している。地域の活性化を目指し，地域産業の支援や生産者と市民との交流行事にも力を入れている。事業は8つの部門に分かれ，それぞれ責任者を置いている。運営会議を開き8部門の事業の共有と法人の運営を行っている。8つの部門は以下である。

　㋐「食の支援」コーナー

　　生産者名の入った野菜，地元食材を用いた加工食品，高齢者でも調理しやすい冷凍食品，地場産品を使用した和食中心の日替わり総菜（手作りの揚げ立てコロッケ，かき揚げ等）の販売

　㋑「つどい」コーナー

　　団地内の芸術，福祉，技術などに精通している人材を先生にして，健康，フラダンス，生け花，書道，押し花などの教室・講座を開講

　㋒「食事・喫茶」コーナー

　　地元サザコーヒー直伝のコーヒーや，主婦手作りの料理を販売

　㋓「ゆっくり」コーナー

　　購入した総菜等を食べたり休憩ができる空間

(お) 「福祉商品」コーナー

ハートケアセンターひたちなか（社会福祉法人運営の精神障害者福祉施設）と社会福祉協議会の3施設でつくられた手作り品を販売

(か) 「レンタルボックス」コーナー

手作り品，工芸品など個人が自由に販売できるコーナー

(き) 「情報・相談」コーナー

高齢者や子育て中の母親などを対象に相談を受けるコーナー

(く) 「支援サービス」コーナー

自宅の電球を交換するなど日常生活上の支援サービス（利用料1時間700円）や，1回100円の食料品宅配サービス

③ 組織図（資料提供：NPO法人くらし協同館なかよし）

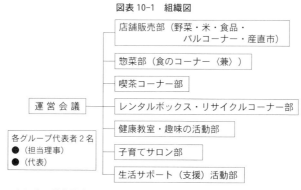

図表10-1　組織図

（出所）筆者作成。

(2) 事例2：株式会社アットマーク・ラーニング（代表：日野公三氏）

株式会社でフリースクールを始めた株式会社アットマーク・ラーニングは，公益の事業は公益法人格で行うという常識を覆し，事業の速やかな実施と継続性，質の担保を目的に営利法人格を選択した。目的や事業内容に最適な法人格を選択するコミュニティビジネスの事例として紹介する。

① 沿革

1999年4月株式会社アットマークラーニング設立。

10月アメリカの株式会社立の通信高校アルジャーインデペンデンスハイスクールと提携。

2000年4月フリースクールとして，アットマークインターハイスクール設立（現東京ハイスクール）2013年現在約80名在籍。

2004年構造改革特区認定を受け，石川県で，美川特区アットマーク国際高等学校を設立。

2013年現在約180名在籍

2007年7月にNPO法人日本ホームスクール支援協会設立。中学生で登校拒否の生徒を受け入れている。

2009年4月福岡県川崎町　構造改革特区　川崎特区明逢館高校　設立。2013年現在約390名在籍

② 設立までの経過

代表の日野公三氏が登校拒否の子どもたちのSNSの内容の高さに感銘を受け，フリースクールの立ち上げを目指すことから始まる。正に子どもの支援であり，登校拒否の子どもたちの課題を解決する学校以外の学習の場の提供，つまり公益を目的とした活動であったが株式会社法人を選択して実施している。

株式会社を選択したのは，国の厳しい管理を受けることがないため力を生徒の教育に向けられること，また学校を建設するための出資を受けられることが理由である。資金調達は出資，学校債，融資など学校法人より多様な調達方法が可能である。

学校法人などの設立には5～10年かかるが，気になる生徒などがいたため，すぐに設立できる株式会社の学校を米国に視察調査に行き学ぶ。法人格の選択は目的を達成し継続的に事業を実施することが重要であり，そのために何を選択するかである。米国では，アルジャーインデペンデンスハイスクールの学習方法に共感し提携する。出資は日野氏の関係の企業役員などに，インターネットを活用することで学習面，経営面で有効であることを伝え説得しお願いする。

インターネットの活用による通信教育はその後増えていくが，課題を解決

し実効性のある事業モデルを作りだすことは、コミュニティビジネスで最も重要なことである。日野氏のソーシャルイノベーション能力の高さにより実現された事例である。

③　事業の拡大

アットマークインターハイスクールは米ワシントン州の通信教育，米ワシントン州公認の卒業資格取得可能であるが，日本での大学受験資格がとれない。そのため，2004年に構造改革特区を活用して，石川県で美川特区アットマーク国際高等学校を設立する。

2009年に開校した，福岡県川崎町構造改革特区　川崎特区明逢館高校は，不登校や発達障害の生徒を積極的に受け入れている。現在は東京の東京ハイスクールは帰国女子など，美川特区アットマーク国際高等学校は通信教育，福岡県川崎特区明逢館高校では不登校や発達障害の生徒と3校で，それぞれの特徴を持って運営している。

（山根眞知子）

（注）
1　NGOとは、「Non-Governmental Organization」の略称で、もともとは、国連と政府以外の民間団体との協力関係について定めた国連憲章第71条で使われたのが始まりとされる。国連をはじめ国際会議などで、民間団体を指す名称として使われるようになった概念。日本では政府や政府系企業でないことを強調して国際協力に携わる民間団体を言う。
2　ムハマド・ユヌス，猪熊弘子訳『貧困のない世界を創る』早川書房，2008年。
3　平成26年厚生労働省の就労形態の多様化に関する総合実態調査より（総務省の「労働力調査」2014年では、非正規の割合は役員を除く雇用者全体の37.4％）。
4　平成26年度版子ども・若者白書第3節。
5　「広域関東圏コミュニティビジネス推進協議会」ホームページ http://www.k-cb.net/
6　先進地域におけるコミュニティビジネス・NPO活動実態調査研究報告書（平成14年3月）。
地域を豊かにするコミュニティビジネスのビジネスモデルに関する調査研究（平成14年3月）。
「故郷でこだわり事業」の推進に関する調査研究報告書（平成14年3月）。
TMO，NPO，行政のパートナーシップによるコミュニティビジネスを活用した中心市街地活性化手法に関する調査研究報告書（平成15年3月）。
コミュニティビジネスの手法によって地域を活性化させるための「インターミディアリー」構築推進プロジェクト調査事業報告書（平成15年3月）。
地方自治体におけるコミュニティビジネス・NPO活動に対する窓口・支援策（平成15年度実施）。
コミュニティビジネス創業マニュアル―NPOなどを通じて地域課題に取り組むには―（平成

16年3月)。
　コミュニティビジネス創出育成プログラムに関するモデル事業(平成16年3月)。
　観光コミュニティビジネスの創出育成を通じた遊休地域資源の活用手法に関する調査報告書(平成17年3月)。
　遊休地域資源を地域の魅力に転換する手法に関する調査報告書(平成17年3月)。
　企業とコミュニティビジネスとのパートナーシップ〜企業，コミュニティビジネス，インターミディアリーの関係づくり〜(平成17年3月)。
　コミュニティビジネス支援マニュアル―地域型インターミディアリーを効果的に運営するには―(平成17年3月)。
　コミュニティビジネス創出育成を通じた地域再生推進手法に関する調査研究報告書(平成18年3月)。
　コミュニティビジネス資金調達マニュアル 〜新事業展開に向けて〜 (平成18年3月)。
　平成19年3月コミュニティビジネス経営力向上マニュアル。
　行政とコミュニティビジネスのパートナーシップに関する調査研究報告書(平成20年3月)。
　コミュニティビジネス中間支援機関のビジネスモデルに関する調査報告書(平成21年3月)。
　厚生労働省ホームページ http://www.meti.go.jp/policy/local_economy/sbcb/index.html
7　東京都ホームページ http://www.seikatubunka.metro.tokyo.jp/chiiki_tabunka/chiiki_katsudo/shimin/nps/0000000577.html

(参考文献)
(和書)
[1]　風見正三・山口浩平編著(2009)『コミュニティビジネス入門』学芸出版社。
[2]　野中郁次郎・廣瀬文乃・平田透(2014)　『ソーシャルイノベーション』千倉書房。
[3]　株式会社アットマーク・ラーニングホームページ http://www.at-learn.co.jp/
[4]　関東経済産業局ホームページ http://www.kanto.meti.go.jp/seisaku/community/
[5]　経済産業省ホームページ http://www.meti.go.jp/policy/local_economy/sbcb/
[6]　広域関東圏コミュニティビジネス推進協議会ホームページ http://www.k-cb.net/
[7]　Social business network ソーシャルジネスネットワークホームページ http://socialbusiness-net.com/contents/news5085
[8]　多摩CBネットワークシンポジウムホームページ・資料　http://tamacb.org/
[9]　内閣府ホームページ http://www.cao.go.jp/others/koeki_npo/index.html

終章

途上国に貢献する日本のソーシャルビジネス[1]

1. はじめに

ソーシャルビジネスについては様々な定義がなされているが、本章では以下に述べる経済産業省の研究会での定義をとることとする[2]。
「ソーシャルビジネスは、社会的課題を解決するために、ビジネスの手法を用いて取り組むものであり、そのためには新しいビジネス手法を考案し、適用していくことが必要である。このため、本研究会では、以下の①〜③の要件を満たす主体を、ソーシャルビジネスとして捉える。なお、組織形態としては、株式会社、NPO法人、中間法人など、多様なスタイルが想定される。① 社会性：現在解決が求められる社会的課題に取り組むことを事業活動のミッションとすること。② 事業性：①のミッションをビジネスの形に表し、継続的に事業活動を進めていくこと。③ 革新性：新しい社会的商品・サービスや、それを提供するための仕組みを開発したり、活用したりすること。また、その活動が社会に広がることを通して、新しい社会的価値を創出すること。」（経済産業省 ソーシャルビジネス研究会報告書より[3]。一部略）。

近年ソーシャルビジネスの分野への関心は高まっており、ビジネスを通じて社会問題の解決をめざす社会起業家が、途上国・新興国支援で成果を上げているといわれている[4]。

本章では、途上国に貢献する日本のソーシャルビジネスの事例をNPOを中心に取り上げ、今後のNPOの進む道を探りながら、進化する企業の社会

貢献について見ていくこととする。ここでNPO（＝ Non Profit Organization 非営利組織）とは，教育，文化，医療，福祉，国際協力など，様々な社会的活動を行う非営利・非政府の民間組織のことをいう。剰余金を組織外部に分配することを制度的に禁じられている。日本の場合，狭義には特定非営利活動促進法に基づく特定非営利活動法人（NPO法人）やそれに法人格のない任意のボランティア団体や市民活動団体を加えたものを意味する[5]。本章では，この日本の場合の狭義のNPOを日本のNPOとして考察することとし，以下NPOと略す。

現在，ソーシャルビジネスを行っている会社・団体の約半分がNPOとされており（経済産業省2008年アンケート調査より[6]），NPOが持続的発展のためにソーシャルビジネスに進出している。そこで本章ではソーシャルビジネスの事例として取り上げる3事例のうち，NPOから2事例，営利企業から1事例を取り上げることとする。NPOの事例として「認定NPO法人かものはしプロジェクト」（事例1）「認定NPO法人 TABLE FOR TWO International」（事例2），株式会社の事例として「株式会社マザーハウス」（事例3）を取り上げる。（図表終-1参照）

図表終-1　本章で取り上げる3事例

	団体名	代表者	活動の特徴	主な活動地域
事例1	認定NPO法人かものはしプロジェクト	村田早耶香氏ほか2名	児童の人身売買防止活動を行う	カンボジア・インド
事例2	認定NPO法人 TABLE FOR TWO International	小暮真久氏	開発途上国の飢餓と先進国の健康問題の同時解決を目指す	アフリカ
事例3	株式会社マザーハウス	山口絵理子氏	貧困救済。そのためバッグ製造を行い途上国発のブランドを作る	バングラデシュ

（出所）　筆者作成。

2. 事例

(1) 事例1　認定NPO法人[7]かものはしプロジェクト[8]

（概要）

カンボジアで児童の人身売買防止活動を行うNPO法人。児童買春の根絶をミッションとし，子どもが売られない世界をつくるために活動を続けている。

2002年に3人の共同代表によって任意団体として立ち上げられ，カンボジアで活動し，2004年にNPO法人格を取得，2014年に認定NPO法人の認可を取得した。現在は，カンボジアでの活動に加えインドでも活動しており，事務所は日本事務所及びカンボジア事務所がある。

貧困家庭の女性を雇用し小物の製造等を行うこと，少年少女に生きる技術を身につけさせ経済的自立を行う等の活動を通じて，ソーシャルビジネスを行っている。

（沿革・事業内容等）

代表者のひとり村田早耶香氏が，大学生の時に東南アジアを訪れた際に児童買春の惨状を目の当たりにし，この問題を解決したいと考え2002年に団体を立ち上げ起業した。

カンボジアで活動を開始し，2004年にパソコン教室を開き少年少女にITスキルを身につけさせ自立できるようにと考え，一方日本ではHP制作事業を立ち上げ，パソコン教室卒業者に発注し貧困からの脱出を図らせようとした。教室は2007年まで続けた。

その後，児童買春の問題は農村部にあると判断し，農村でバッグや財布などを生産するセンターの運営を開始，現在はカンボジアのみでなくインドでも活動を行っている。

NPOは収入が少ないことが悩みだが，かものはしプロジェクトは事業収入を得て人々を助けようとしており，ここがソーシャルビジネスといわれるゆえんである。

事業内容としては,以下のことを行っている。

カンボジアでは,コミュニティファクトリー経営,警察支援,孤児院支援を行っている。コミュニティファクトリー経営とは,現地女性を雇用し工場で製品を作り女性の自立を図っていくものであり,2014年度は95人の女性がコミュニティファクトリーで働いた。警察支援とは,警察の能力向上を支援する事業で,カンボジア内務省プロジェクトの財政的・技術的支援を行うものである。孤児院支援とは,売られてしまう危険のある子どもたちを水際で救うための孤児院支援をするもので,毎年50人の子どもたちを継続的に支援している。

インドでは,被害者の傷回復プログラム,加害者を処罰する仕組みづくりプログラムなどを行いながら,人身売買被害者の支援とともに社会の仕組みを変える活動を行い,子どもが売られない世界の実現を目指している。

日本では,広報活動を行うと同時に資金調達活動を行っている。団体の2014年度の収入は1億8,000万円,正味財産が7,300万円となっている。

（まとめ）

子どもを児童売買から救いたいということから3人の若者によって作られた認定NPO法人かものはしプロジェクトは,2016年現在で15年目に入り,多くの支援者やその事業活動によって年間収入が1億円を超す団体に成長し,目的に対する成果を上げてきている。途上国で社会貢献を果たしている日本のソーシャルビジネスで,NPOの事例としてあげられる。

(2) 事例2　認定NPO法人 TABLE FOR TWO International[9]

（概要）

この団体は,開発途上国の飢餓と先進国の健康問題の同時解決を目指すNPO法人である（以下 TABLE FOR TWO International を TFT と略す）。「先進国の社員食堂や学食で健康に配慮した TFT のメニューを食べると,そのメニューの価格に上乗せされた20円が寄付金として,TFTを通じて開発途上国の貧しい地域の子供たちの昼食に変わる」という仕組みによって,開発途上国の飢餓と先進国の健康問題の同時解決を目指している。これは,

日本発の世界で通用するビジネスモデルとなる可能性がある。TFT が目指すのは,「社会的に認知されたビジネスとしての社会事業」であり,それを日本の地で定着させ,世界へと発展させることにあるとしている[10]。

（沿革・事業内容等）

2007 年に設立され 2010 年に認定 NPO 法人の認可を取得した。設立理由および当団体の事業スキームは以下である。

現在全世界にいる約 70 億人の人々のうち,約 10 億人が食事や栄養を十分に摂ることのできない貧困状態に置かれているとされている。一方で,日本を含む先進国では,ほぼ同じ数の人々が,食べ過ぎによる肥満や生活習慣病に悩んでいるとされる。TFT はこの食の不均衡を解消し,先進国と開発途上国の人々をともに健康にすることを目指して発足した。仕組みは前述したものと重なる部分があるが,以下の通りである。

社員食堂を持つ企業や団体と提携して,通常より低カロリーで栄養バランスのとれた特別メニューを提供してもらい,そのメニューの価格は 20 円を上乗せして設定する。その 20 円は寄付金として,TFT を通じてアフリカに送られ,現地の子供たちの昼食費に充てられる。「食糧が余っている先進国」と「食糧が足りない開発途上国」の世界的な食糧の不均衡を解決するという仕組みである。これにより企業側は,社員に健康に良いメニューを提供でき,社会貢献の一環を果たすことができ,CSR（＝ corporate social responsibility,企業の社会的責任）にもつながる。つまり企業にとってもメリットのある形に持っていって,NPO と企業との提携を成功させている。なお 20 円の意味は,この NPO が支援しているアフリカの子供たちが,学校で食べる給食一食分の値段である。

このスキームは企業との提携によって成り立つものだが,団体設立後,NPO への理解が企業側に必ずしも進んでいない状況から,当初はかなり苦労した。現在代表理事を務めている小暮真久氏（設立当時は事務局長）は「アフリカの貧しい農村部は日々の食事もままならず,学校の給食がないと1 日何も食べられないという子どもがほとんど。この状態を何とかしたい」[11] という思いで NPO 活動を続けた。徐々に「社員に健康に良いメニュー

を提供でき，開発途上国の貧しいこどもたちを助けるという社会貢献の一環を果たすことができる」という企業側のメリットも理解されるようになり，企業の協力を得て支援の輪が広がっていった。

2013年12月時点で，届けた寄付食数は累計で約2,419万食，ケニア・ルワンダ・エチオピア・タンザニア等のアフリカの国々に給食を届けている。この他に2013年からは，アジアで初めてミャンマーに学校菜園プログラムを実施している（給食に必要な食材の一部を学校で生産することを支援するもの）。また，TFTプログラムの参加団体数は日本国内で600社・団体を超え，海外のTFTプログラムを通じての参加団体は，アメリカ，イギリスをはじめとしたヨーロッパの国々，サウジアラビア，ベトナムほかのアジアの国々等に広がっている[12]。

年間収入も約1億4,400万円（2013年度決算）となっており，その2年前の2011年度は約1億2,900万円，前年の2012年度は約1億4,200万円であったので，順調に伸びている。

（まとめ）

開発途上国の飢餓と先進国の健康問題の同時解決を目指しているTABLE FOR TWO Internationalは，そのビジネスモデルが成功しつつあり順調に発展してきている。途上国で社会貢献を果たしている日本のソーシャルビジネスで，事例1と同様にNPOの事例としてあげられる。

(3) 事例3　株式会社マザーハウス[13]

（概要）

株式会社マザーハウスは山口絵理子氏が2006年に設立した会社で，バングラデシュの貧しい人々が貧困から抜け出せるように自立を支援するため，バングラデシュでバッグ製造を行い，途上国発のブランドを作ることをミッションとした会社である。本社は東京都にある。株式会社であるが，バッグ製造を行っている元々の目的が貧しい人々をその貧困から救うことにあるので，株式会社によるソーシャルビジネスといわれている。

（沿革・事業内容等）

創業者の山口氏は，世界最貧国のひとつバングラデシュに学生時代に行き，貧困と汚職がはびこる社会に衝撃を受ける。貧しい人々が，その生まれた国によって貧困のまま生きていかねばならない現実を見て，この状況を変えようと 2006 年に起業した。

当時バングラデシュには外国の大手資本が製造を依頼する工場があったが，安い人件費による製造のみを要求していた。現地で作られた製品も，かわいそうな人たちが作った物だからと，客がかわいそうだと思い購入するという構図で，品質も良くないという状況であり，これでは続かないし将来がないと山口氏は考えた。

バングラデシュならではの製品を現地の人が誇りを持って作り，消費者が買いたいと思って購入するようにしていかねばならない，そこに自立があると山口氏は考え，バングラデシュ産の麻であるジュードを使ったバッグの製造を始めた。山口氏自らも，バッグ製造の学校で学び技術を身につけ工場で現地の人と一緒に作業し，良い製品を作るよう努力し同時に日本での販路を開拓していった。

その結果，日本（東京）で東急ハンズが取り扱うようになり，現在は直営店を持ちデパートに卸すまでになり，バングラデシュでは地域に雇用を生み出し職員が自立できるようになってきている。

事業内容は，発展途上国におけるアパレル製品および雑貨の企画・生産・品質指導，同商品の先進国における販売等である。資本金は 2,795 万円，売り上げは 2008 年に 1 億 2,000 万円を超え利益も出るようになった。

（まとめ）

貧しい人々が，その生まれた国によって貧困のまま生きていかねばならない現実を変えようと，若い女性が起業した株式会社マザーハウスは，その製品の品質の良さが評価され順調に発展してきている。途上国で社会貢献を果たしている日本のソーシャルビジネスで，株式会社の事例としてあげられる。

3. まとめ

　前節でNPOを中心に営利企業も含めた異なる組織形態のソーシャルビジネスを見てきた。ここでこの3事例に共通したものがある。以下の点である。

　第1に，社会的課題の解決への創業者の熱い思いがある。事例1の認定NPO法人かものはしプロジェクトと事例3の株式会社マザーハウスのケースでは，まだ若く社会経験の少ない女性がアジアの極めて難しい社会的課題解決のための起業をした。厳しい状況の中，苦労して事業を行い成果を上げている。そこには，何としてもそのミッションとする社会的課題の解決を図ろうとする強い意志と思いがある。このミッション達成への強い意志と思いは，事例2のTABLE FOR TWO Internationalのケースも同様である。また「他者のために何かをする」という生き方，社会的課題の解決のために「社会を変える・世の中を変える」との理想を持って努力を重ねていることも3事例とも共通している。

　第2に，社会的課題解決の実現のために，また組織の持続可能性のために，ビジネスの手法を取り入れ，市場の力を使っている点である。ここにはNPO，営利企業という従来の企業形態による違いというものは，必ずしも存在しないと思われる。TABLE FOR TWO Internationalのケースに見られるように，発展途上国の飢餓救済のミッション達成のため，日本発の世界で通用するビジネスモデルを作ろうとする試みは，NPOで行っているがビジネスの手法そのものであると言ってよい。

　第3に，NPOの進むべき道のひとつとしてのソーシャルビジネスが見られ，また営利企業も社会貢献を重視してきていることが見てとれる。つまり組織形態は異なっても，それぞれが社会貢献を果たしているという点で一致しており，ここには進化する企業の社会貢献の姿が見られる。

　これらを見ていると，筆者は改めて次の2点を指摘したい。第1に，ソーシャルビジネス分野への関心が高まっており，社会的課題の解決を目指すこ

とを通じた社会貢献を，ソーシャルビジネスによってNPO・営利企業等の組織形態の違いにかかわらず行うようになってきていること。第2に，このソーシャルビジネスが，NPOの進む道のひとつの姿であることを示唆していることである。

このような状況を山本隆氏は，山本（2014）で以下のように述べている[14]。「今，私益を追求してきた民間企業が社会的責任（CSR）の視点から公益に関心を向けている。一方，公益のために非営利活動を展開してきたNPOが，募金や寄付だけでは事業を賄えず，ビジネス手法を模倣し始めている。つまり，民間企業の社会志向とNPOの事業志向によって両者の活動する場がオーバーラップしているのである。ここに社会的企業の本質のひとつがうかがえる。まさに「ソーシャル」と「ビジネス」の2つが接近する時代がやってきた。」

筆者も正にそういう時代に入ってきていると考える。

本章では，途上国に貢献する日本のソーシャルビジネスの事例を取り上げた。そこで見ることができたものは，進化する企業の社会貢献の姿であり，またソーシャルビジネスの道を歩むというNPOの進むべき道のひとつを示唆しているものだった。ソーシャルビジネスについて本章はまだ少ない例を提示しただけで，そのほんの端緒を示しただけであるが，この分野は今後の発展が期待される分野でもあり，事例と考察を重ねていくことが肝要である。

（菅井徹郎）

注
1　本章は坂本・境・林・鳥居編著『中小企業のアジア展開』（中央経済社，2016年）中の筆者が執筆した「第5章　アジアに進出する日本のソーシャルビジネス」を加筆修正したものである。
2　ソーシャルビジネスについては第3部第9章第10章を参照。
3　経済産業省 ソーシャルビジネス研究会報告書 平成20年4月　http://www.meti.go.jp/policy/local_economy/sbcb/sbkenkyukai/sbkenkyukaihoukokusho.pdf（2016年1月25日閲覧）。
4　日本経済新聞「社会起業家，海外で躍動」2015年5月25日。
5　広義には社団法人及び財団法人・社会福祉法人・学校法人・医療法人・宗教法人なども含まれる。またNGO（Non Governmental Organization: 非政府組織）も同様の組織を意味するが，日本では国境を超えて活動する民間国際援助団体を意味することが多い。山内・田中・奥山編

(2012) p.181, 坂本・丹野 (2012), p.184。
6　前掲 経済産業省ソーシャルビジネス研究会報告書 平成 20 年 4 月。
7　認定 NPO 法人（認定特定非営利活動法人）とは，特定非営利活動法人（NPO 法人）のうち，一定の要件を満たす法人は，所轄庁（都道府県又は指定都市）から認定されることで，税制上の優遇措置を受けることができるというもの（内閣府 NPO HP）。
8　かものはしプロジェクトについては，村田 (2009)，週刊ダイヤモンド (2009), p.53，週刊東洋経済 (2013), pp.68-69 及び HP，事業報告書等を参考にした。
9　TABLE FOR TWO International については小暮 (2009)，米倉監修・竹井 (2010) 及び HP，週刊ダイヤモンド (2009), pp.58-59 等を参考にした。
10　前掲書 週刊ダイヤモンド (2009), p.59。
11　同上。
12　TFT の状況については TFT HP より http://jp.tablefor2.org/ (2016.2.20 閲覧)。
13　マザーハウスについては，山口 (2007) (2009)，週刊ダイヤモンド (2009), pp.36-37 及び HP を参考にした。
14　山本 (2014), p.ⅱ「はじめに」。

参考文献
（和書）
[1] 小暮真久 (2009)『「20 円」で世界をつなぐ仕事』日本能率協会マネジメントセンター。
[2] 小暮真久 (2012)『社会をよくしてお金も稼げるしくみのつくりかた』ダイヤモンド社。
[3] 坂本恒夫・境睦・林幸治・鳥居陽介編著 (2016)『中小企業のアジア展開』中央経済社。
[4] 坂本恒夫・丹野安子編著 (2012)『ミッションから見た NPO』文眞堂。
[5] 村田早耶香 (2009)『いくつもの壁にぶつかりながら』PHP 研究所。
[6] 山内直人・田中敬文・奥山尚子編 (2012)『NPO NGO 事典』大阪大学大学院国際公共政策研究科 NPO 研究情報センター。
[7] 山口絵理子 (2007)『裸でも生きる』講談社。
[8] 山口絵理子 (2009)『裸でも生きる 2』講談社。
[9] 山本隆編著 (2014)『社会的企業論―もうひとつの経済』法律文化社。
[10] 米倉誠一郎監修・竹井善昭 (2010)『社会貢献でメシを食う。』ダイヤモンド社。

URL
[1] 認定 NPO 法人かものはしプロジェクト HP http://www.kamonohashi-project.net/
[2] 経済産業省 ソーシャルビジネス研究会報告書 平成 20 年 4 月　http://www.meti.go.jp/policy/local_economy/sbcb/sbkenkyukai/sbkenkyukaihoukokusho.pdf
[3] 内閣府 NPO HP http://www.npo-homepage.go.jp/
[4] 認定 NPO 法人 TABLE FOR TWO International HP http://jp.tablefor2.org/
[5] 株式会社マザーハウス HP http://www.mother-house.jp/

雑誌
[1] 週刊ダイヤモンド (2009)「社会起業家 全仕事」『週刊ダイヤモンド 2009 年 4 月 11 日号』ダイヤモンド社。
[2] 週刊東洋経済 (2013)「NPO でメシを食う！―想いをビジネスに変える手法―」『週刊東洋経済 2013 年 4 月 13 日号』東洋経済新報社。

新聞
［1］ 日本経済新聞「社会起業家，海外で躍動」2015 年 5 月 25 日。

索　引

【数字・アルファベット】

Bully Bob's　92
Crutchfield and Grant　62, 66
CSO　136
CSR　55
　　——報告　8
Fathering　44
Fifteen London　89
Furniture Resource Centre　92
"gate"（ゲート）　137
GbR = Gesellschaft burgerlichen Rechts（民間組合）　86
Gemeinnutzige GmbH　86
HVAC（Hybrid Value-added Chain）　121
Jamie Oliver　89
mystyl＠こだいら　151
NGO　14
NPO　1, 25
　　——のネットワーク　67
　　——法　150
　　——法一部改正　39
　　——法人くらし協同館なかよし　152
　　——法人西会津国際芸術村　25
ROE　3
SROI（Social Return on Investment, 社会的投資収益率）　92
Stiftung（財団）　86

【ア行】

新しい公共　145, 151
新しい職業選択肢　121
アットマーク国際高等学校　156
アメリカのNPO　53
アライアンス　130
委託金　36
ウエンディ・コップ（Wendy Kopp）　62
影響力を持続させるための3要素　68
営利企業（For-Profit Corporation）　128
エージェント（agent 代理人）　118
エバンジェリスト（熱烈な使命の伝道者）　67
大きな政府　118
大阪NPOセンター　135
オランダモデル　77
オルデンブルク失業者センター　83

【カ行】

外部委託　54
外部不経済　118
革新性　37, 39, 125, 133
活動分野　40, 47
（株）NPOグラジュエイトスクール　136
株式会社　8
株式会社アットマーク・ラーニング　154
株式会社イータウン　149
株式会社いろどり　131
株式会社タウンキッチン　149
株式会社マザーハウス　163
株式会社まちづくり三鷹　150
株主価値経営　2, 54, 73
上勝情報ネットワーク　132
上勝町　131, 143
川崎特区明逢館高校　156
環境に対応する技術　68
観光の振興を図る活動　44
韓国NPO共同会議　97
韓国のNPO　97
機関投資家　3
企業　142
　　——価値　8
起業家　128
起業講座　149
企業連携支援機能強化事業　147
寄付　58
　　——金　6
　　——文化　6

教育系NPO　62
協会 Verein　81
行政　142
強力なサブリーダー　68
グッドネイバーズ　107
グラスルーツ・リーダー　121
グラミン銀行　122
経営する　22
経営チームによるマネジメント　138
経営能力　130
公益団体　56
公益法人　99
　――制度　150
　――制度改革関連3法案　150
公益有限会社　82
公的セクター　117
高齢者福祉改革　78
顧客満足志向　129
ココスマツアー　134
固定費の変動費化　4
コミュニティサービス法　55
コミュニティビジネス　126, 140, 142-145
コミュニティファクトリー　161

【サ行】
財団（Stiftung）　82
サッチャー政権　115
サードプレイス　55
里山を考える会　134
佐野章二　132
サービスラーニング　55
参加の論理　5, 21
支援税制　150
事業性　37, 39, 125, 133
事業内容　48
資金調達　148
市場の失敗　16, 118, 119
市場の力　67
持続可能なビジネス　120
持続的発展　22
下請けの存在　74
失業扶助　82
自発性・任意性　72
市民団体　100

使命（ミッション）　5
社会企業家　64
社会貢献を重視　165
社会性　37, 39, 125
社会的イノベーション　117
社会的課題の解決　165
社会的課題をビジネスの手法で解決　36
社会的価値　8
社会的企業　120
　――育成法　111
社会的貢献　8
社会的使命　128
社会的投資　121
　――収益率　93
社会扶助　82
社団（登録社団 e. V.）　82
従来型の社会福祉システム　117
商業主義　129
助成金　138
人材育成　149
信託　82
ストーリーテラー　130
正規社員　4
政策アドボガシー　66
税制改革法案　150
成長プロセス　137
西武信用金庫　148
政府の失敗　16, 117-118
関宣昭　134
組織の持続可能性　165
ソーシャル・アントレプレナー（Social Entrepreneur：社会起業家）　115
　――シップ（Social Entrepreneurship）　121
ソーシャルイノベーション　143
ソーシャル・インクルージョン（social inclusion：社会的包摂）　120
ソーシャル・エクスクルージョン（social exclusion：社会的排除）　120
ソーシャル・エンタプライズ（Social Enterprise）　124
ソーシャルシンキング（社会的な思考）　77
ソーシャル・ビジネス　141
ソーシャルビジネス　9, 22, 36, 115, 124, 141, 144

ソーシャル・ベンチャー（Social Venture）　124, 126

【タ行】

第1ステージ　137
第2ステージ　137
第3ステージ　137
第3セクター　142
第3の革命　73
対等・平等主義　78
助けあい活動　142
多摩CBネットワーク　145
多摩信用金庫　148
地域活性化　131
地域貢献型社会企業家育成プログラム　136
小さな政府　54, 118
チャリティー委員会　72
チャリティ・ビジネス　73
ティーチ・ファースト Teach First　63
ティーチ・フォー・アメリカ（Teach For America）　62
ティーチ・フォー・オール（Teach For All）　63
ティーチ・フォー・ジャパン Teach For JAPAN　63
ドイツNPO　81
登録協会 eingetrage Verein = e. V.　82
登録社団 = eingetrager Verein (e. V.)　85
特定非営利活動促進法　14
特定非営利活動法人（NPO法人）　13-14, 20
　　──格　140
都市を里山に　135
都道府県及び指定都市の条例で定める活動　44
ドラッカー　16
取引費用　118

【ナ行】

内国歳入法　56
日本政策金融公庫　148
認定NPO法人 TABLE FOR TWO International　161
認定NPO法人かものはしプロジェクト　160
認定コンサルタント　136
ネットワーク形成　149

熱烈な支持者　67
農山漁村及び中山間地域の振興を図る活動　44

【ハ行】

排除の論理　5
葉っぱビジネス　132
ハートフル　49
パブリック（公共）の利益　78
阪神・淡路大震災　43
非営利組織（Non-profit Organization）　13, 128
非営利法人　98
東小金井事業創造センター KO-TO　149
非公益団体　56
非正規社員　5
　　──化　4
ビッグイシュー　132
日野公三　154
ヒューマニタス　80
ビル・ドレイトン　121
フィランソロピー（Philanthropy＝社会貢献）　54, 121
福岡県川崎特区明逢館高校　156
プリンシパル（principal 依頼人）　118
ブレア　115
ブレイアー　73
補完的存在　74
補助金　36
ボランタリー・セクター　120
ボランティア　58
　　──団体　72

【マ行】

マイクロ・クレジット　122
マルチステークホルダー・プロセス（MSP）　130
美川特区アットマーク国際高等学校　156
三木秀夫　135
ミッション　40, 47
民間福祉団体　85
6つの共通原則　66
ムハマド・ユヌス　122, 141
村田早耶香　160
問題解決型・アクティブな社会福祉システム

117

【ヤ行】

山口絵理子　163
山本隆　166
優遇措置　72
有限責任　72
　——保証会社（Company Limited by Guarantee：CLG）　72

有償雇用　75
横石知二　131

【ラ行】

利益分配　72
リーダーシップ　130
リーダーの権限を分担　67
レスター・サラモン　15, 142

編著者紹介

坂本　恒夫（さかもと　つねお）

明治大学大学院長　明治大学経営学部教授，経営学博士
1947 年　京都府生まれ。
1979 年　明治大学大学院経営学研究科博士後期課程終了。
現在，日本経営財務研究学会評議員，日本経営分析学会常任理事，〈日本中小企業・ベンチャー〉ビジネス・コンソーシアム副会長
単著：『企業集団財務論』泉文社，1990 年。
　　　『イギリス 4 大銀行の経営行動 1985-2010』中央経済社，2012 年，など。
編著：『企業集団研究の方法　シリーズ企業集団研究 I』共編著，文眞堂，1996 年。
　　　『企業集団支配とコーポレート・ガバナンス　シリーズ企業集団研究 II』共編著，文眞堂，1998 年。
　　　『企業集団と企業間結合の国際比較　シリーズ企業集団研究 III』共編著，文眞堂，2000 年。
　　　『図解　NPO 経営の仕組みと実践』税務経理協会，2009 年。
　　　『ミッションから見た NPO』共編著，文眞堂，2012 年，など。

丹野　安子（たんの　やすこ）

特定非営利活動法人ビジネスネットワーク・ジャパン理事長
1949 年　東京生まれ。
現在，（日本中小企業・ベンチャー）ビジネス・コンソーシアム副会長。
明治大学学部間共通総合講座およびリバティアカデミー講座「起業家入門講座」の講師。
編著：『図解　NPO 経営の仕組みと実践』税務経理協会，2009 年。
　　　『ミッションから見た NPO』文眞堂，2012 年。

菅井　徹郎（すがい　てつお）

オフィスコモン代表，博士（経営管理）
1953 年　東京都生まれ。
現在，日本中小企業・ベンチャービジネスコンソーシアム理事。
明治大学経営学部特別講義講師。
共著：「アジアに進出する日本のソーシャルビジネス」坂本恒夫他編著『中小企業のアジア展開』
　　　第 5 章，中央経済社，2016 年。

NPO，そしてソーシャルビジネス
―進化する企業の社会貢献―

| 2017年4月15日　第1版第1刷発行 | | 検印省略 |

編著者　坂　本　恒　夫
　　　　丹　野　安　子
　　　　菅　井　徹　郎

発行者　前　野　　　隆

発行所　株式会社 文　眞　堂
　　　　東京都新宿区早稲田鶴巻町533
　　　　電　話　03（3202）8480
　　　　FAX　03（3203）2638
　　　　http://www.bunshin-do.co.jp
　　　　〒162-0041　振替00120-2-96437

製作・モリモト印刷
© 2017
定価はカバー裏に表示してあります
ISBN978-4-8309-4946-3 C3034